A L'ATTENTION DES
LEADERS
DE FRANCHISES

A L'ATTENTION DES
LEADERS
DE FRANCHISES

FORGEZ L'AVENIR DE VOTRE RÉSEAU PAR UN SYSTÈME DE LEADERSHIP DE CROISSANCE ÉPROUVÉ

STEPHANE BREAULT
EXPERT EN FRANCHISE & COACH EXÉCUTIF

Imagine Franchise

Montréal, Canada

Pour les demandes d'autorisation, écrivez à l'éditeur, à l'adresse ci-dessous :

Imagine Franchise consultant Inc.
200 André Prévost, suite 408
Montreal, Quebec, Canada, H3E 0E5
www.imaginefranchise.com
sbreault@imaginefranchise.com

A L'attention Des Leaders De Franchises, Stephane Breault —1st ed.

Informations sur les commandes :

Ventes en quantité. Des remises spéciales sont disponibles pour les achats en quantité par les franchiseurs, franchisés, les associations et autres. Pour plus de détails, contactez-nous à l'adresse ci-dessus.

CERTIFIED

(H)

WRITTEN
BY HUMAN

Préface

Je dédie ce livre à tous mes clients, anciens comme actuels. Par leur courage, leur expérience et leur ouverture d'esprit, ils m'ont non seulement permis d'évoluer, mais aussi de donner vie à cet ouvrage. Ce livre est autant le fruit de leurs aspirations que de mes réflexions.

À l'équipe, composée d'innombrables hommes et femmes qui m'ont soutenu tout au long de cette aventure, je dis un immense merci. Votre engagement et votre confiance ont été des piliers essentiels dans ce voyage créatif.

À mon épouse Ambre, je tiens à exprimer ma profonde gratitude. Ton appui inconditionnel et ton soutien sans faille m'ont porté dans les moments où je doutais de ma capacité à mener à bien ce projet qui me tenait tant à cœur. Tu as été mon ancre et ma lumière dans ce périple.

Je ne peux passer sous silence mes anciens employeurs, qui, tout au long de ma carrière de cadre exécutif, m'ont donné l'audace de changer les choses, même lorsque cela semblait impossible. Leur confiance en ma vision a forgé le leader que je suis aujourd'hui.

Ce livre, je l'ai écrit pour permettre à tous les leaders en franchise de grandir, afin qu'ils puissent, ainsi que leurs franchisés, maximiser le potentiel économique et humain de leurs réseaux.

Chez Imagine Franchise, nous co-créons des solutions innovantes pour libérer tout le potentiel économique et humain de votre réseau de franchises.

Stéphane

TABLE DES MATIÈRES

PARTIE 3: CAS PRATIQUE – LES PLUS ET LES MOINS

OBTENEZ LE LOT BONI DE
"À L'ATTENTION DES LEADERS DE FRANCHISES"

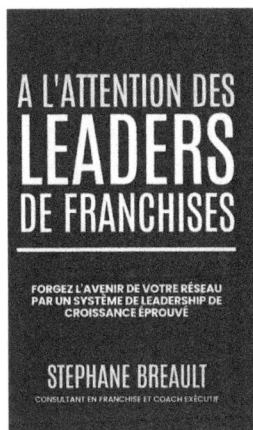

Scannez le code QR

ou visitez le

https://imaginefranchise.com/e-book/
pour avoir accès au lot boni de "À l'attention des leaders de franchises" par Stéphane Breault

Vous pourrez ainsi découvrir des outils pratiques qui changeront votre manière de leader votre réseau.

Ce qu'ils en pensent

Dans son livre **"À l'attention des leaders de franchises"**, Stéphane Breault dévoile une approche claire et pragmatique pour réussir dans le monde complexe de la franchise. En tant que fondateur et leader de franchise, je recommande vivement ce livre à tous ceux et celles qui aspirent à créer un réseau de franchise non seulement prospère, mais également porteur d'un véritable impact sur leurs clients, leurs employés et leurs franchisés. Ce livre offre des conseils stratégiques précieux pour bâtir une entreprise solide, pérenne et alignée sur des valeurs fortes. Un must pour tous les leaders visionnaires!

Moussa Madi,
PDG et Cofondateur,
Poulet Rouge

Stéphane Breault apporte une clarté simple et enthousiaste à l'univers souvent complexe du leadership en franchise. Son livre est un guide puissant pour naviguer à travers les défis liés à l'alignement de la marque, des opérations et des valeurs. Avec des conseils pratiques et des perspectives issues du monde réel, cette ressource donne aux leaders les moyens de prendre des décisions en toute confiance. Une lecture essentielle pour quiconque souhaite développer un réseau de franchises prospère.

Pino Di Ioia,
PDG, Queues de castor

Si vous êtes passionné par l'univers de la franchise, ou si vous travaillez dans ce domaine, je vous recommande vivement de lire cet ouvrage. Stéphane offre une analyse percutante des défis et des opportunités auxquels sont confrontés les professionnels de la franchise, tout en proposant des solutions pratiques et innovantes.

Stéphane ne se contente pas de fournir des solutions " standard ", mais invite également à une réflexion plus profonde sur les impacts à long terme de nos décisions en tant que franchiseurs. Je recommande vivement cet ouvrage.

Rosanne Giguère,
Présidente, Sushi Taxi

Stéphane Breault a réussi à capturer l'essence du leadership en franchise dans son livre. Son approche est un modèle de clarté et d'efficacité."

Jean Bédard,
Président et Chef de la direction.
Grandio

À l'image de son auteur, Stéphane nous conduit avec finesse dans son livre, à la croisée idéale des systèmes et de l'humanité au cœur des affaires en franchise.

Laflèche Francoeur,
Vice-président exécutif, Pacini

Stéphane Breault démontre dans ce livre toute l'étendue de son expérience et partage les fondements stratégiques qui permettent aux franchiseurs d'accélérer et de réussir leur projet d'affaires.

Etienne Claessens,
PDG fondateur, Soluflex

À l'attention des leaders de franchises de Stéphane Breault est bien plus qu'un livre ; c'est un véritable guide stratégique pour quiconque aspire à maîtriser l'art du leadership dans le domaine des franchises. À travers une analyse lucide et des exemples concrets, Stéphane démontre une profonde compréhension des défis uniques auxquels les franchiseurs sont confrontés, qu'il s'agisse de gérer des équipes, de stimuler la croissance ou de transformer des réseaux en véritables machines à succès.

Chaque chapitre regorge de conseils pratiques, de réflexions stimulantes et de méthodologies éprouvées, rendant ce livre indispensable à tout leader souhaitant bâtir un réseau solide et durable. Stéphane aborde des thèmes essentiels, tels que l'importance du partenariat franchiseur-franchisé, la nécessité d'un alignement stratégique clair et la mise en place d'un système de leadership efficace, comme son modèle Franchisexcel©. Il rappelle avec justesse que le succès en franchise repose autant sur l'excellence opérationnelle que sur la capacité à instaurer une culture d'équipe, de discipline et d'innovation.

Ce livre va au-delà des concepts traditionnels, en offrant des outils concrets pour anticiper et surmonter les défis du monde VICA (Volatile, Incertain, Complexe et Ambigu), tout en proposant des solutions modernes pour maximiser la valeur économique et humaine des réseaux. C'est une lecture essentielle non seulement pour les leaders de franchises, mais également pour tout entrepreneur désireux de comprendre et d'optimiser les dynamiques de croissance et de collaboration.

Personnellement, après avoir parcouru cet ouvrage, je suis convaincu de la pertinence des conseils prodigués et ai déjà identifié plusieurs stratégies que je vais mettre en œuvre dans mon propre réseau. Stéphane Breault a su capter l'essence du leadership en franchise, et son approche claire et pragmatique m'a inspiré à ajuster mes pratiques pour maximiser le potentiel de mes équipes et de mon réseau.

À l'attention des leaders de franchises est une œuvre magistrale, qui combine expertise, pragmatisme et vision, faisant de cet ouvrage un incontournable pour transformer une ambition en succès durable. Stéphane Breault ne se contente pas de montrer la voie ; il offre une boussole et une carte pour y parvenir.

Maxime Mayant,
PDG, Columbus café Canada

La gestion d'un réseau de franchises présente de nombreux défis, et ce livre propose une approche structurée et éclairante sur les meilleures pratiques à adopter. Les conseils pratiques et les exemples concrets offerts dans cet ouvrage en font une lecture précieuse pour quiconque souhaite approfondir sa compréhension de ce domaine complexe.

**Dominique Brown,
CEO, Chocolats Favoris**

La ligne directrice du livre de Stéphane Breault, à l'attention des leaders de franchises est un résumé fantastique du parcours à suivre pour obtenir et maintenir le succès désiré d'un réseau de franchise à succès. Vision, leadership, valeur, croissance ,exécution, j'en passe !!!! tout y est.... maintenant le résultat vous appartient comme Stéphane le dit si bien

**Nicolas Roux, PDG,
Franchise Fromagerie Victoria**

Le sujet du livre lui-même attendait, et surtout méritait, un Stéphane Breault. Oui, qui de mieux qu'un leader avéré et si bien reconnu de l'industrie du franchisage pour comprendre ce type de leadership si particulier que commande le franchisage ? Qui d'autre que lui, s'exigeant ici pour la cause de se faire auteur, pouvait trouver à la fois autant la façon adéquate, que les mots justes pour le rendre compréhensible. Stéphane Breault ne fait pas que décrire le leadership, on sent, et on lit, qu'il en a même craqué le code.

Si l'on peut dire qu'un livre attend parfois le bon auteur pour s'écrire, alors ici on doit dire que ce livre attendait, cherchait même, un Stéphane Breault. Si en cet ouvrage Stéphane Breault a (enfin) trouvé son livre, alors on doit aussi dire que le livre a également (enfin) trouvé en Stéphane l'auteur que le sujet commandait.

Cet ouvrage remarquable est le résultat du travail d'analyse et de recherches que seul un leader de la trempe d'un Stéphane pouvait rendre aussi incontournable.

Je le recommande, oui, bien évidemment, mais ce livre s'impose par lui-même à tout franchiseur, nouveau comme aguerri.

Gaétan Migneault,
président fondateur,
Le Groupe Adèle

Une lecture obligatoire pour tout leader en franchise ! **'À l'attention des leaders de franchises'** de Stéphane Breault est une somme de conseils pragmatiques et très pertinents. Son expérience vécue de franchiseur lui confère une belle crédibilité

Xavier Chambon,
PDG, Jeff De Bruges Canada

Moi-même franchiseur dans le domaine des services BtoB, j'ai abordé l'ouvrage de Stéphane Breault " À l'attention des leaders de franchise " avec un peu de circonspection au départ.

Pourtant, très vite j'ai compris toute son utilité et sa force ! Stéphane réussit à résumer dans un seul livre toutes les bonnes pratiques et méthodes de gestion primordiales pour grandir sur des bases solides et pérennes. Il fait profiter le lecteur de sa profonde expérience dans le domaine. Il fait preuve d'un esprit très pratique et donne des outils concrets pour mettre en œuvre ses recommandations sans tarder. A lire absolument par tout franchiseur qui vise l'excellence et la croissance.

Laurent Saumon,
PDG, MOM Entretien ménager

Stéphane Breault a réussi à capturer l'essence du leadership en franchise dans son livre. Son approche est un modèle de clarté et d'efficacité

Samuel Dessureault,
Président, Groupe Cellzone

"Je suis impressionné par l'approche pragmatique de Stéphane Breault dans 'À l'attention des leaders de franchises'. Ce livre est un outil indispensable pour le développement durable d'une franchise."

Guillaume Abbatiello,
Co-PDG, Groupe Salvatore

À l'attention des leaders de franchises* de Stéphane Breault propose des conseils pratiques et stratégiques pour réussir dans la gestion de franchises. Un incontournable pour les leaders souhaitant optimiser leur réseau.

Khalil Mekari,
PDG, Grillades Torino

Introduction

Vous êtes 100 % responsable des résultats que vous obtenez.

"Aujourd'hui, vous êtes le résultat de vos choix antérieurs.
Ce que vous serez demain sera le résultat de choix que
vous faites aujourd'hui "

-Inconnu

Devenir un leader exceptionnel en franchise est semblable à naviguer en eaux troubles. Ce n'est pas une compétence que l'on peut acquérir dans les manuels ou perfectionner du jour au lendemain. Les enjeux sont élevés, et, dans le domaine de la franchise, chaque faux pas peut être financièrement désastreux. Imaginez ce scénario : vous êtes à la barre d'un vaste réseau de 100 franchisés. Chaque erreur que vous commettez se répercute sur chacun de ces franchisés, amplifiant le potentiel de perte financière, de dommages à la réputation, etc. Les enjeux sont monumentaux.

Considérez ce fait alarmant : selon une étude réalisée par la MIT Sloan Management Review, 75 % des nouveaux franchiseurs étaient tombés dans l'oubli seulement 12 ans après la création de leur entreprise 1. Le principal coupable de ces échecs? Rien d'autre que la performance médiocre des franchisés. En d'autres termes, c'est le leadership du franchiseur, ou son absence, qui est la source de cette chute malheureuse.

En effet, les franchiseurs qui débutent sont trop souvent dans la pensée magique du franchisage soit : on vend la franchise à qui le veut bien, on forme le franchisé pour faire fonctionner la franchise et le franchisé se débrouille plus ou moins seul par la suite. C'est la recette du désastre, tout simplement. Tout cela parce que le nouveau franchiseur n'a pas compris que le franchisage ne survit pas à l'improvisation, au manque de discipline et à l'absence de soutien adéquat.

C'est pourquoi ce livre met l'accent sur l'importance du leadership de croissance. Car c'est grâce à ce dernier que vous pourrez réaliser les objectifs suivants :

Créer de la richesse : la majorité des franchiseurs possèdent des réseaux de franchises de moins de 100 franchisés. L'économie de la franchise révèle une vérité captivante : un franchiseur possédant moins de 100 franchises commande généralement une évaluation de seulement trois à quatre fois l'EBITDA, tandis que ses homologues en possédant plus de 100 génèrent des multiples d'évaluations de six à 12 fois l'EBITDA. Le message est clair comme de l'eau de roche : la croissance est la clé.

Développer une marque plus forte : imaginez un franchiseur qui non seulement nourrit une culture d'excellence inébranlable, mais autonomise aussi ses franchisés afin qu'ils soient des leaders redoutables. Cette combinaison puissante engendre une marque qui se démarque tout en prospérant sur un marché féroce. L'entreprise rayonne et magnétise les clients.

Diminuer votre risque d'affaires : des erreurs coûteuses, des franchisés sous-performants et des eaux turbulentes dans l'écosystème de la franchise peuvent arrêter même les navires les plus puissants. Mais un leadership efficace agit comme une force stabilisatrice, un phare qui guide le chemin à travers les tempêtes les plus sombres. C'est la boussole qui maintient le réseau de franchises sur la bonne voie et qui le fait naviguer en douceur.

Dans ce monde de la franchise, votre succès repose sur un équilibre délicat. Bien que le modèle d'affaires de la franchise contribue indéniablement à sa part, les autres 50 % de l'équation sont ancrés dans la qualité de votre leadership. Sous-estimer ce facteur critique revient à abandonner le volant du navire, à rater les occasions de croissance, à renoncer à monter une équipe de premier ordre, et à vous résigner à subir un tourbillon incessant de chaos. Et nous le savons, de tels tourbillons sont rarement profitables.

Rappelez-vous : en tant que leader de votre réseau, vous êtes entièrement responsable des résultats que vous obtenez

Ainsi, alors que vous vous apprêtez à embarquer dans ce voyage éclairant à travers les pages de cet ouvrage, sachez que votre évolution en tant que leader en franchise n'est pas seulement souhaitable; elle est impérative. Le destin de votre réseau de franchises, votre prospérité financière et votre réputation de marque sont en jeu. Ce livre sera votre boussole à travers le labyrinthe de la franchise. Il vous offrira des perspectives, des stratégies et une feuille de route qui vous permettront de réussir votre voyage et de le rendre exceptionnel.

Note : nous utilisons le masculin pour faciliter la lecture.

(1) https://sloanreview.mit.edu/article/factors-for-new-franchise-success/

Partie 1

Leadership et croissance font la paire

Chapitre 1

La franchise: une formidable machine de croissance qui s'enraye trop souvent

Lorsque je visite des salons de franchise ou que je participe à des événements impliquant des franchiseurs, je pose souvent la question suivante : "comment va la croissance?". J'obtiens ce type de réponses :

- Bof, c'est ordinaire, je n'arrive pas à trouver de bons candidats.
- Ça va, ça vient, la situation est instable.
- Je n'arrive à ouvrir qu'une ou deux franchises par année et ça, c'est quand tout va bien.
- On fait deux pas en avant, un pas en arrière et un pas de côté. Ça n'avance pas vraiment.
- Ça va très bien, nous avons des dizaines de leads par mois. J'ai embauché trois vendeurs pour répondre à la demande. C'est incroyable, on verra ce que ça va donner.
- Nous ouvrons des franchises partout où nous avons un candidat qui a l'argent nécessaire, on court comme des fous.

Bref, la croissance est souvent un réel enjeu et les conséquences d'une croissance enrayée sont majeures :

1. Perte d'opportunité : il vous est impossible de générer les profits que vous envisagiez ;
2. Démobilisation : tant au sein de votre organisation que chez les franchisés, tout le monde perd le focus et l'énergie ;
3. Dommages à votre actif le plus précieux : une marque qui ne croît pas n'est pas en santé. Les effets sont pernicieux et votre marque vieillit rapidement.
4. Risque d'affaires qui augmente parce que la stagnation s'est installée : sans nouveaux marchés et sans croissance, vous êtes condamné à survivre et donc à subir la décroissance de vos profits. Votre capacité à innover et vous renouveler est hypothéquée.

Ça vous parle ?

La vérité, c'est que la plupart des franchiseurs n'ont même pas dix franchises rentables en activité après cinq ans. Selon le Franchise Performance Group, 80 % des franchiseurs en Amérique ont moins de 100 franchises en opération.

Pourquoi la situation est-elle si fragile ?

Je vois trois raisons principales :

1. Le manque d'investissement du franchiseur dans la croissance.

2. La croissance n'est pas un projet d'équipe.
3. Le manque de focus.

Raison 1 : le manque d'investissement du franchiseur dans la croissance

Outre le fait qu'ils n'ont souvent pas les ressources financières adéquates, les franchiseurs sous-estiment l'investissement nécessaire afin de générer une croissance soutenue. Le droit d'entrée collecté sert à maintenir le flux de trésorerie des opérations au lieu d'être complètement réinvesti pour maintenir la croissance. Or, recruter, sélectionner le bon franchisé et effectuer un démarrage rapide et profitable d'une nouvelle franchise coûte cher. Ne pas le faire coûte encore plus cher, car vos nouveaux franchisés vous assureront une croissance de revenus (redevances, rabais volume, fond de publicité, etc.) et, s'ils ne performent pas rapidement, ils ne pourront assumer ces frais, détruisant ainsi le potentiel de création de valeur de votre franchise. Je passe ici sous silence le fait qu'ils ne seront pas des ambassadeurs de votre marque s'ils ne retirent pas rapidement des bénéfices de leur investissement.

Le ROI du développement ne se mesure pas en fonction du montant des droits d'entrée collectés, mais en fonction de la valeur générée par les revenus répétitifs des ventes.

Prenons un exemple simple pour illustrer ce point.

Franchise ABC :

Droit d'entrée : 35 000 $
Ventes annuelles : 1 M$
Redevances : 5 %
Autres revenus (rabais volume, etc.) : 3 %
Total des revenus récurrents annuels pour le franchiseur : 80 000 $

Hypothèses de coûts de la première année pour une nouvelle franchise :

Dépenses de publicité de recrutement : 5000 $

Dépenses pour l'équipe de développement (salaires et autres frais directs) : 15 000 $

Dépenses du franchiseur pour le soutien à l'ouverture (publicité locale, gratuités des produits, etc.) : 20 000 $

Dépenses pour le soutien à la croissance des ventes (promotions spéciales, réinvestissement publicitaire local pour croissance rapide, escomptes produits, support opérationnel direct supplémentaire, etc.) - Année 1 : 25 000 $

Coût indirect de support annuel (coaching, formation et frais du siège social) : 40 000 $

On comprend bien que la première année est cruciale et que, si le départ est bien mené, pour les années subséquentes, le coût de maintien sera moindre. En faisant l'hypothèse d'un coût de support annuel à 50 % des redevances collectées, l'exemple ci-dessous démontre le flux monétaire positif créé par une franchise bien lancée.

Analyse du flux de trésorerie sur une période de cinq ans*

*croissance organique non prise en considération

	Année 1	Année 2	Année 3	Année 4	Année 5
Revenues	115 000 $	80 000 $	80 000 $	80 000 $	80 000
Dépenses	100 000 $	40 000 $	40 000 $	40 000 $	40 000 $
Flux de trésorerie généré	15 000 $	40 000 $	40 000 $	40 000 $	40 000 $
Total du flux de trésorerie sur 5 ans	175 000 $				

Si nous acceptons le fait que le franchiseur n'investit pas directement son argent dans la création d'une franchise, mais ne fait qu'utiliser l'apport du droit d'entrée et une partie des redevances de la première année pour soutenir la croissance initiale et que le coût de support est équivalent à 50 % des redevances et autres revenus collectés, le ROI de cette franchise pour le franchiseur est astronomique !

Convenez avec moi qu'investir dans la croissance, c'est payant.

Raison 2 : la croissance n'est pas un projet d'équipe

La croissance d'un réseau de franchises est tributaire de plusieurs facteurs : le modèle économique, la qualité et la réputation de la marque, et enfin, l'investissement du franchiseur dans la croissance. Mais ce n'est pas tout. En effet, un des leviers les plus importants pour attirer et convertir des prospects en nouveaux franchisés ou permettre à un franchisé existant de faire l'acquisition d'une nouvelle franchise est la confiance que celui-ci porte au franchiseur.

Cette confiance provient de facteurs externes comme ceux mentionnés plus haut, mais aussi de facteurs internes. C'est en misant sur ces derniers que l'équipe du franchiseur peut faire une différence majeure.

En effet, le succès en franchise se crée grâce à l'effort de tous. Pour la croissance, c'est la même chose. Confier le recrutement et la sélection à l'équipe de développement seulement et ne pas mettre à contribution tout le reste du réseau, c'est comme tenter de gagner une course automobile sans les ingénieurs, les mécanos et autres spécialistes.

La clé : une perspective de partenariat et non de transaction

L'un des dangers que je constate régulièrement, c'est que les personnes chargées du développement deviennent les vendeurs de franchises et non les experts qui aident les futurs partenaires d'affaires et ambassadeurs de la marque (franchisé) à prendre la meilleure décision pour eux et pour l'organisation. L'erreur est commune : on "vend" une franchise comme on vend un bien immobilier. Le franchisé est donc vu comme un client captif qui recevra des services du franchiseur. Mais avec cette vision, on ne considère que le niveau transactionnel. Or, ce n'est pas avec ce type de relation qu'un réseau peut devenir puissant et créer de la valeur. **C'est la capacité des franchisés et de l'équipe**

du franchiseur à faire fructifier leur partenariat qui fera la différence, et non la transaction initiale.

Mais qui devrait être impliqué dans la croissance et quel rôle chacun devrait-il jouer afin d'augmenter la relation de confiance?

Le PDG a trois rôles majeurs dans la croissance :

1. Être le promoteur numéro 1 de la marque
   C'est à lui qu'incombe de communiquer le pouvoir que représente la franchise.

   Prenons par exemple les PDG d'entreprises qui participent activement aux médias sociaux, à des podcasts ou à des activités de mise en valeur de la marque comme des conférences ou des prix méritas.

2. S'assurer que l'acquisition de nouveaux talents (franchisés) corresponde à :
   a. L'ADN de la marque
   b. La vision et la mission de l'entreprise
   c. Les valeurs de l'entreprise

Et ce, sans compromis.

J'attire votre attention sur l'importance de ce dernier point. Il faut voir chaque nouveau franchisé comme une acquisition stratégique afin d'éviter de vivre les déboires trop souvent connus du franchiseur qui ne porte pas attention à ces points. En fait, vous devriez considérer l'acquisition d'un nouveau franchisé comme un investissement dans votre croissance aussi important que si c'était une nouvelle bâtisse ou qu'un nouvel équipement. Ici, c'est la vision à long terme qui prévaut.

3. Rendre toute l'équipe redevable des résultats de la croissance, et pas seulement l'équipe du développement. Voici comment les membres de l'équipe de direction devraient participer à la croissance.

Le VP finances : il aide le franchisé qualifié à comprendre l'investissement, la manière de gérer l'entreprise afin d'assurer le contrôle nécessaire à la rentabilité. De plus, il participe par ses conseils à la préparation du plan d'affaires pour le financement.

Le VP franchise : il informe correctement le prospect et aide celui-ci à avancer tout au long du processus en veillant à ce que tout soit fait dans l'intérêt des deux parties (franchisé/franchiseur).

Le VP immobilier et construction : jouant un rôle crucial pour le ROI de la franchise, il maximise la rentabilité en trouvant le meilleur emplacement au meilleur prix. De plus, il s'assure que la réalisation du projet de construction respecte l'investissement du modèle d'affaires.

Le VP marketing : d'une importance capitale, il est responsable de créer de l'enthousiasme autour de l'ouverture de la nouvelle franchise et de soutenir le plan de démarrage en générant de nouveaux clients.

Le VP réussite des franchisés : il contribue à la création de valeur et ses responsabilités vont bien au-delà des chiffres. Il diffuse le savoir-faire lié aux aspects techniques, mais aussi la manière de réussir en tant que PDG d'une nouvelle entreprise. De plus, il veille à ce que chaque franchisé adhère pleinement aux valeurs et aux diverses initiatives du franchiseur.

Les franchisés existants : ce sont vos ambassadeurs! Veillez à ce qu'ils sachent qu'ils font partie de l'équipe pour faire croître le réseau. Formez-les pour qu'ils soient des ambassadeurs de la franchise et encouragez-les à vous référer des prospects. Ils doivent être impliqués dans votre processus de sélection.

En bref, voir la croissance comme un simple processus de vente mené par l'équipe de développement ne génère ni synergie ni confiance mutuelle. La manière optimale (même si elle n'est pas la plus rapide) d'obtenir de la croissance est d'impliquer toute l'équipe de direction dans le processus d'acquisition des meilleurs talents (franchisés). Créer et maintenir une croissance soutenue sera alors plus facile.

Imaginez-vous à la barre d'une équipe qui participe activement à la croissance de votre entreprise. Vous constaterez que :

1. La confiance des prospects et des franchisés augmentera, car ils verront que le succès n'est pas relié qu'à une seule personne.
2. Les compétences de chaque membre de l'équipe seront plus développées, car chacun apprend de l'autre.

3. La croissance sera plus facile et moins chaotique, car tous les membres de l'équipe sont responsabilisés face au succès du franchisé et sont heureux de mettre l'épaule à la roue.

Raison 3 : Vous manquez de focus

1. **De nouvelles franchises n'importe où, n'importe quand**

Imaginez la scène :
Vous recevez une demande d'informations par le biais de votre site Internet. Le prospect semble intéressant et habite une municipalité située à plus de 300 km de votre franchise la plus proche. Vous ne connaissez pas ce marché et jusqu'à ce que ce prospect se présente, vous n'étiez absolument pas intéressé par celui-ci. Mais parce que vous avez un prospect, vous pensez que l'idée de créer une franchise à cet endroit serait une bonne idée et vous contactez la personne. Et voilà, c'est parti !

Ce type de situation vous semble familier ? C'est malheureusement la recette de beaucoup de franchiseurs. L'improvisation mène à des incongruités qui nuisent à la création de l'impact que vous recherchez.

2. **Vous lancez de nouvelles innovations et de nouveaux projets sans vérifier le rendement économique**
Ici, nous sommes au royaume des fausses bonnes idées, des projets abandonnés parce que les franchisés n'y adhèrent pas. L'improvisation crée de la turbulence, la

perte du respect et de la confiance des franchisés. De plus, elle retarde ou tue la création de valeur.

3. **Vous sous-estimez l'importance de la croissance interne**
   a. **La franchise multi-unités**

   Il ne faut pas sous-estimer le potentiel des franchisés à faire croître leur entreprise en développant d'autres franchises. Malheureusement, trop souvent, les franchiseurs ne prennent pas les moyens pour que les franchisés existants développent les connaissances et habiletés qui leur permettront de faire croître leur entreprise en acquérant une seconde ou plusieurs franchises. Les franchisés multi unités des réseaux arrivent là un peu par hasard, sans préparation réelle. Ils prennent alors deux risques d'affaires :

   1. Le risque de démarrage d'une nouvelle entreprise et,
   2. Le risque de perdre le contrôle et de sous-performer dans l'ensemble de leurs unités.

   Si vous avez un peu d'expérience en franchise, vous connaissez sûrement ce scénario courant : celui du franchisé super performant avec une franchise qui échoue totalement après en avoir acquis quelques autres – et ce, avec l'approbation du franchiseur (qui, avouons-le, n'a pas fait son travail adéquatement).

   b. **L'augmentation organique des ventes**

   En omettant de planifier la croissance organique, le franchiseur se prive d'un facteur de création de valeur extrêmement performant. En effet, l'effet d'une croissance "same store sales growth" (croissance des ventes dans des magasins comparables) est une source de profit directe pour les deux parties.

Ceci est facile à comprendre : dix franchises qui croissent de 10 % par année reviennent à ouvrir une nouvelle franchise, mais sans l'ensemble des dépenses afférentes. Du pur profit!

4. **Vous sous-estimez l'importance de réussir chaque nouvelle franchise**

Créer de nouvelles franchises rapidement rentables est vital pour un réseau. Tout le monde s'accorde sur ce point. Alors pourquoi autant d'échecs ? Pourquoi tant de nouvelles franchises sont marginalement rentables et ne créent-elles pas de réelle valeur pour les deux parties ? Encore ici, nous nous retrouvons devant le phénomène de l'anxiété de performance dû à l'absence d'un système de croissance solide et exécuté avec discipline. **Car c'est là le truc : il faut avoir de la discipline pour bâtir un plan solide et le mettre à exécution.**

Par exemple : l'un de mes clients a en main une étude d'optimisation du territoire valide qui présente un potentiel de 124 franchises. Les leaders ont choisi de développer le réseau à partir de leur base (dans une région spécifique) et de ne pas accepter de développer une autre région avant que la première soit à 80 % de son potentiel. La raison de ce choix stratégique est simple : atteindre le succès grâce à l'impact. Il y a fort à parier qu'ils obtiendront une croissance un peu moins rapide, mais que celle-ci sera rapidement rentable. En étant disciplinés, ils créeront de la croissance à l'interne et à l'externe.

Voici les principales conséquences d'un manque de focus

1. *Peu de création de richesse*
   Que ce soit chez les franchisés ou le franchiseur, le risque d'affaires augmente, car les décisions sont prises sans vue d'ensemble. Ces dernières sont donc trop souvent axées sur le court terme.

2. *Des franchisés qui résistent aux changements*
   Les surprises sont rarement les bienvenues pour un entrepreneur. Improviser face aux changements, c'est fondamentalement manquer de respect auprès de vos partenaires d'affaires. Vous voulez minimiser la résistance aux changements? Planifiez!

3. *Un mauvais départ*
   Comme expert, je vois des ouvertures de franchise complètement improvisées. Les résultats sont en dent de scie et bien en deçà des attentes. Or, les débuts sont critiques pour le franchisé. Ce n'est vraiment pas le temps d'improviser.

4. *Une répétition des erreurs de base*
   En ne planifiant pas sa croissance, le franchiseur n'apprend pas de ses erreurs. Celles-ci se répètent et mettent à risque la création de richesse chez les franchisés, mais aussi chez

le franchiseur, et ce, sans compter la mobilisation des ressources du réseau.

5. *Des dommages à l'actif le plus important : la marque*
Au fil du temps, l'improvisation étiole l'intégrité de la marque qui devient alors moins claire. Résultat : les consommateurs ne s'y retrouvent plus. En franchise, une marque forte exige discipline et planification et non improvisation et laisser-aller.

En fait, l'improvisation due au manque de focus mène à l'échec... point final.

L'équipe de direction est alors incapable de planifier et d'exécuter ses décisions adéquatement.

C'est le constat que j'ai fait. La plupart des franchiseurs n'ont pas de plan de croissance organisé parce qu'ils n'ont pas de système de leadership de croissance organisé. Ils comprennent mal les bénéfices de planifier leur croissance à deux niveaux (interne et externe).

Vous pensez que la planification de votre croissance n'est pas importante ? Que voulez-vous vivre ?

1. *Beaucoup d'actions, peu de résultats :* tout le monde travaille fort, mais les profits ne sont pas au rendez-vous. Que pensez-vous que les franchisés ou les membres de votre équipe vont faire ? Comment allez-vous continuer ?

2. *Trop d'erreurs tuent la confiance :* quel est votre taux d'échec? Oui, parlons-en. Trop souvent, c'est l'improvisation qui crée l'échec du franchisé. À qui la faute?

3. *Le potentiel des "bons" franchisés est étouffé :* vos "bons" franchisés ne sont pas dupes, ils subissent votre manque de planification. Cela ne les aide pas à croître avec succès et les décourage rapidement. Ils vont vendre et vous perdrez des éléments cruciaux pour votre succès.

À vous de choisir.

Dans les chapitres 4 à 10, je vous présente le système de leadership de croissance Franchisexcel© que j'utilise de manière personnalisée avec mes clients. Il a été élaboré à partir de mon expérience de plus de 25 ans comme leader en franchise et de 15 ans comme coach exécutif avec des franchiseurs.

L'un des objectifs de ce livre est de susciter votre réflexion pour changer votre approche. Je vous recommande d'avoir à portée de main un crayon et du papier afin de prendre des notes ou de répondre aux questions que je vous pose. Les réflexions du coach servent à rendre concret le matériel partagé.

N. B. En écrivant sur du papier, vous pourrez être plus créatif. Profitez-en! C'est de vous et de votre entreprise dont il s'agit.

Réflexions du coach

Tout ça reste de la théorie, me direz-vous. Oui, vous avez raison. Si vous n'en faites rien, rien ne changera. Prenez donc quelques minutes pour répondre aux questions suivantes. Vous pourrez alors commencer à changer votre stratégie pour obtenir de la croissance.

Q1 : Quel est votre état d'esprit à propos de votre croissance ? Quels sentiments vous animent?

Q2 : Pourquoi voulez-vous faire croître votre réseau?
Note : allez plus loin que l'argent dans votre raisonnement la vraie réponse est assurément plus que "faire de l'argent"

Q3 : Définissez votre plan pour atteindre la croissance dans 10 ans

- Quels marchés ciblez-vous ?
- Combien de franchises avez-vous l'intention d'établir?
- Comment voyez-vous évoluer l'équipe du siège social?
- Quelles transformations auront lieu au sein de l'équipe de franchisés?
- À quels revenus vous attendez-vous?
- À combien estimez-vous le profit du franchiseur?
- Calculez l'EBITDA médian de votre réseau de franchisés.

(**Remarque :** la médiane représente le point médian d'un ensemble de données, où 50 % des unités ont des valeurs inférieures ou égales à la médiane, et 50 % ont des valeurs supérieures ou égales à celle-ci.)

Q4 : Quelles seront les conséquences si vous n'avez pas de croissance (sur vous, sur votre équipe, sur votre compagnie, sur vos franchisés ?) - Mettez un prix à tout cela.

Q5 : Quels sont les bénéfices que vous tirerez de votre croissance (soyez spécifique, nommez plusieurs bénéfices qui vous semblent importants) ?

Q6 : Quelles sont les trois décisions **MAJEURES** que vous devez prendre **MAINTENANT** pour atteindre la croissance que vous souhaitez ?

Chapitre 2

Coincé au point mort: quand le franchiseur et les franchisés ne font pas équipe

Être le leader d'un réseau de franchises est un défi majeur qui ne se relève pas seul. Le succès en franchise passe par l'équipe que vous bâtissez. Cela paraît évident. Pourtant, il y a tellement de défis pour engager les franchisés auprès de la marque. Pourquoi est-ce si difficile de trouver des collaborateurs (votre équipe) dédiés au succès du réseau autant que vous? Pourquoi êtes-vous dans l'impossibilité d'atteindre vos objectifs de croissance?

En fait, le défi de créer une équipe engagée et dédiée tient à trois facteurs qui, une fois reliés, agissent comme un effet turbo pour favoriser la croissance.

1. Créer une équipe franchiseur-franchisés avec un ADN commun
2. Faire preuve de caractère
3. Maîtriser la communication assertive pour transformer vos résultats et dynamiser la croissance

Il faut ouvrir les yeux.

Ne pas créer une équipe franchisé/franchiseur performante engendre de nombreuses conséquences :

1. Pas d'engagement des franchisés au niveau local : les franchisés s'impliquent peu au sein de leur franchise et dans leur communauté et sous-optimisent le potentiel de leur marché primaire.
2. Coûts directs importants : le franchiseur doit bâtir une organisation qui encadre et surveille fortement les franchisés. Ceci implique une équipe nombreuse axée sur le contrôle et non la croissance.
3. Pas d'excellence opérationnelle : il s'en suit une perte de qualité et une diminution de l'expérience client, ce qui ne favorise pas la loyauté de la clientèle donc ralentit la croissance.

Créer une équipe franchiseur-franchisés avec un ADN commun

L'ADN d'une équipe va bien au-delà de simples slogans marketing. Au sein d'un réseau de franchises, définir l'ADN de l'équipe n'est pas aussi simple qu'il y paraît. Il y a un concept fondamental à respecter : définir un alignement clair. Une fois bien communiqué au sein du réseau, celui-ci jette les bases de l'ADN de la marque.

L'ADN de votre marque et de votre équipe repose sur trois ingrédients :

1. **La clarté**
   Un alignement clair s'articule autour de trois éléments clés :

   1. La vision : quel avenir à long terme envisageons-nous pour notre réseau ?
   2. La mission : pourquoi existons-nous ?
   3. Les valeurs fondamentales : qu'est-ce qui guide nos décisions et inspire nos actions ?

   Vous allez mieux comprendre avec ce cas réel : Aide-moi (nom fictif) est un franchiseur dans le domaine des soins à domicile pour aînés.

   Voici comment nous avons réussi à traduire l'alignement du réseau :

   Notre vision
   Ensemble, animés par une passion débordante et un engagement sans faille, nous construisons un avenir rayonnant où chaque aîné et personne en perte d'autonomie dans nos communautés locales bénéficie de soins à domicile exceptionnels, leur permettant de vivre le plus longtemps possible dans leur environnement familial.

   Notre mission, notre raison d'être
   Tous les jours, dans l'empathie, nous permettons aux aînés de vivre dignement chez eux.

Nos valeurs fondamentales
Voici pour illustration, la définition du respect, l'une des valeurs du franchiseur :

Chez Aide-moi, par nos décisions et nos comportements, nous créons un impact positif. **En adoptant une écoute respectueuse, empathique et ouverte d'esprit,** nous comprenons pleinement les besoins de nos clients pour leur offrir des solutions personnalisées.

Le principal bénéfice pour les leaders du réseau de franchises est qu'en définissant un alignement clair, ils peuvent mobiliser plus facilement tous les membres de l'équipe. Chez Aide-moi, l'alignement proposé a créé un nouvel engouement tant du personnel que des actionnaires. Il a également permis de recruter de nouveaux franchisés avec succès, grâce à la mise en avant d'une différenciation dans un secteur où tout le monde est similaire. Se différencier passe nécessairement par les personnes qui donnent le service.

La clarté vous donne du pouvoir
Définir un alignement clair au sein de votre organisation vous donne du pouvoir, celui qui vous permet d'indiquer la voie à suivre et d'exiger des membres de votre réseau des performances satisfaisantes. Cela nécessite du courage, car en tant que leader c'est vous qui indiquez la voie à suivre.

Ne pas le faire c'est **VOLONTAIREMENT** augmenter le risque que votre croissance soit affaiblie.

1. Sans un alignement clair, le choix de nouveaux franchisés dépend de la grosseur du portefeuille du candidat plutôt que de sa réelle capacité de réussir.
2. Sans un alignement clair, les membres de votre équipe véhiculent des messages confus et contradictoires auprès des franchisés.
3. Sans un alignement clair, la tolérance aux non-performances est très haute. Le " c'est pas grave " est omniprésent.

2. **Faire preuve de caractère**
Un élément distingue les membres d'équipes de franchiseurs émérites : ils ont du caractère. Ces leaders pensent, décident et agissent avec intégrité. Comme vous vous en doutez, de manière générale, leur croissance bat aisément celle de leur marché.

Pourquoi avoir du caractère est-il si important ?

Le caractère traduit une confiance en soi, cruciale pour obtenir et maintenir la croissance.

Bien que le développement du caractère soit avant tout un choix et un cheminement individuel, les leaders en franchise peuvent introduire au sein de la culture de leur réseau cinq pratiques qui favorisent le caractère d'une équipe :

L'honorabilité : tenez vos promesses et considérez chaque parole donnée comme un engagement précieux.

Cohérence et intégrité : veillez à la régularité dans vos interactions et évaluez fréquemment vos décisions pour qu'elles soient en accord avec vos valeurs.

Empathie proactive : affrontez les conversations ardues avec une compréhension profonde, révélant ainsi la force de votre caractère.

Humilité et bienveillance : exercez la gentillesse avec conviction et faites preuve d'humilité à chaque succès.

Proactivité : face à un défi, engagez-vous avec détermination et valorisez chaque action et chaque relation.

La clé du succès est le caractère : tout le monde doit en faire preuve, les coachs de réussite (superviseur, conseiller aux franchises) comme les cadres supérieurs et les franchisés.

"Mener un réseau de franchises sans compas moral, c'est entraîner les franchisés et votre équipe dans le chaos"

— S. Breault

---

3. **La croissance personnelle de vos franchisés favorise la croissance du réseau**

Un réseau sans croissance est un réseau en perdition. Il est donc impératif pour les leaders du réseau d'éviter le sabotage de la croissance en favorisant un état d'esprit de croissance permanente.

Oui, mais...

Je crois que l'axe de croissance le plus important et pourtant le plus négligé pour les leaders en franchise est celui de la croissance personnelle de chacun des franchisés. **Oui, vous lisez bien, la croissance personnelle!**

C'est elle qui aidera tous les leaders du réseau, **y compris les franchisés,** à développer du caractère.

Elle se traduira par des initiatives personnelles de la part des franchisés et du franchiseur visant à développer leurs compétences, leurs pratiques d'affaires ainsi que de nouveaux points de vue.

Le franchiseur doit permettre aux franchisés d'élargir leurs horizons afin qu'ils deviennent des PDG accomplis. Car un PDG, ce n'est pas que des chiffres, c'est aussi et surtout un leader qui a une vision. C'est le seul moyen que je connaisse pour éviter de saboter le potentiel de croissance naturelle du réseau par le syndrome du " ça va, ça va, mes affaires vont bien " qu'éprouve souvent le franchisé ("mes affaires vont bien " alors pourquoi m'efforcer de croître).

Posez-vous la question suivante : avec qui voulez-vous bâtir un avenir prometteur et prospère pour votre entreprise ?

Vous connaissez déjà la réponse, j'en suis certain.

Un piège à éviter : la complaisance - Le syndrome du "good enough" (je suis sept bien comme ça).

Évitez donc de tomber dans le piège des franchiseurs pris avec des franchisés amorphes, peu motivés, qui sabotent la croissance, et ont peu ou pas de caractère soit parce qu'ils ne sont pas à la bonne place, soit parce qu'ils se contentent d'être "good enough" (tout juste bons).

Il n'y a rien de plus frustrant et inquiétant que d'avoir devant soi des franchisés qui n'y croient plus, dont la franchise est à vendre ou qui s'attendent à ce que vous effectuiez le travail à leur place... ou bien, qui sont si satisfaits de leur situation qu'ils ne s'attardent plus à la croissance. Ce type d'attitude est tout simplement catastrophique sur la performance de l'organisation. Retourner la situation nécessite un effort surhumain, car la résistance au changement et l'apathie se sont encroûtées.

Ne cherchez pas le coupable : c'est vous. En tant que leader, vous êtes entièrement responsable de vos résultats. La solution pour sortir de cette impasse passe par le système que je vous propose dans ce livre, mais aussi par votre engagement à devenir un leader de croissance.

Note personnelle :

Cela m'est arrivé lorsque j'ai pris la présidence d'un réseau de franchises bien établi dans ma région. Je ne souhaite à personne d'avoir à redresser un réseau de franchises peuplé d'un côté de franchisés désabusés, apathiques et n'ayant qu'un seul objectif : vendre au plus offrant; et de l'autre, de franchisés "good enough" complaisants qui étouffent la croissance. De plus, ces derniers prennent en otage les bons franchisés qui eux réclament du changement pour continuer. Ouf! Ces années ont été extrêmement difficiles. Pour redresser la barre, il a fallu que je change les membres importants de l'équipe de direction afin de pouvoir mettre sur pied une nouvelle vision et une nouvelle mission qui faisaient du sens ainsi que des valeurs qui véhiculaient l'excellence et la collaboration. Par la suite, nous avons dû nous départir de plusieurs franchisés et recentrer le réseau sur une base plus modeste. Somme toute, ceux qui sont restés et les nouveaux qui se sont joints à nous ont partagé les mêmes valeurs. Pour être honnête, si j'avais à recommencer, je prendrais encore plus de temps et je ferais plus d'efforts pour créer et implanter un alignement clair. En effet, bien que nous ayons fait de grands pas, je n'ai pas réussi à créer l'ADN commun favorisant l'implantation d'une culture d'excellence comme je le voulais et le réseau en a souffert. C'est, entre autres, cette expérience qui m'a permis de développer le système Franchisexcel© que je vous propose dans ce livre.

Maîtriser la communication assertive pour transformer vos résultats et dynamiser la croissance

On accuse souvent une mauvaise communication d'être la source d'un manque de performance, d'échecs ou de conflits entre le franchiseur et les franchisés. C'est une réalité qui peut être changée. Lorsqu'on y regarde de plus près, ces échecs sont souvent dus au fait qu'une partie cherche à gagner sur l'autre. Avouons que c'est contre-productif lorsqu'on vise à avoir un partenariat à long terme.

Pour vous, leaders en franchise, **la solution est la communication assertive**. Vous vous dîtes sûrement que c'est de la pensée magique, que cela est impossible à mettre en place quand on ne s'entend pas et que nos objectifs sont divergents.

Et si tout cela était faux?

Je m'explique. Les mésententes, divergences d'opinions, sous-performances et incompréhensions sont inévitables dans une relation franchiseur-franchisé. C'est tout à fait normal et même souvent sain. Ces conflits permettent en effet de mettre au clair l'état du partenariat et de prendre des décisions bénéfiques pour les deux parties.

Toutefois, ceux-ci peuvent dégénérer, entraîner des turbulences au sein du réseau et avoir un impact négatif sur la croissance et la profitabilité. Combien d'histoires de poursuites ou de création d'associations de franchisés ont été créées parce que les leaders ne savaient pas comment communiquer adéquatement?

La solution : il est donc essentiel de communiquer de manière assertive dans le but de trouver une ou des solutions et non de créer un conflit.

Naturellement, cela fonctionne mieux si la communication est déjà ouverte et bien établie pour favoriser la confiance mutuelle. Si tel n'est pas le cas, cela risque d'être un vrai défi !

Qu'est-ce que la communication assertive ?

La communication assertive est l'art de transmettre son message de façon franche, directe et respectueuse, sans tomber dans les pièges de l'agressivité ou de la passivité. La communication assertive se nourrit de la confiance préétablie et garantit une collaboration fructueuse et une croissance accélérée.

La "triade de l'assertivité" pour communiquer adéquatement

La relation avec les franchisés est plus fragile qu'elle n'y paraît. Il est très facile d'utiliser le pouvoir qui vous est conféré d'office avec la convention de franchise. Or, le pacte de croissance mutuelle que vous détenez avec vos franchisés mérite beaucoup mieux. En utilisant la "triade de l'assertivité", vous éviterez bien des conflits. Naturellement, il est tout indiqué de former vos franchisés à la communication assertive afin que tous parlent le même langage et emploient les mêmes pratiques de communication.

Votre attitude est votre porte-parole : plus que vos mots, c'est votre comportement qui définit la tonalité de l'échange. Approchez-vous de l'autre. Traitez vos franchisés avec respect. N'oubliez pas qu'ils sont vos partenaires dans une relation à long terme. Privilégiez la discussion ouverte, et traitez votre interlocuteur avec la considération qu'il mérite. L'intégrité, la maturité et la générosité doivent être les piliers de vos interactions.

Minimiser les parasites de la communication : les préjugés, la distraction, l'écoute sélective, une réflexion précipitée ou un environnement inadéquat peuvent brouiller le message. Gardez votre esprit concentré et ancré sur les faits essentiels. Ceci est définitivement un défi pour les coachs de réussite (superviseur, conseiller aux franchises), car ils sont en relation régulière avec les franchisés.

Écoutez avec un objectif clair : l'écoute active est un art en soi. Mettez votre interlocuteur à l'aise, montrez de l'empathie et faites preuve de patience. N'oubliez jamais qu'un message doit être répété sept fois pour être compris. Posez des questions ouvertes guidées par les 5 W* et veillez à bien saisir l'essence du message. Avant de juger ou de discuter, vérifiez que vous connaissez bien les faits.

Comment repérer que la communication assertive est absente :

- Les messages ne sont pas clairs. Il y a donc plus de conflits ou de temps perdu à se réexpliquer pour s'expliquer.
- Une tension est entretenue, car les gens ne savent pas sur quel pied danser. Cela développe de l'insécurité qui empêche la confiance de s'installer.
- Vous passez votre temps à implanter des contrôles et devez toujours "pousser" sur vos franchisés. Un manque de communication assertive coûte cher, car le manque de

confiance ne permet pas la croissance et oblige à dépenser plus en mesures de contrôles.

En bref

L'ère où la communication au sein d'un réseau de franchises était une simple transmission d'informations est révolue. Dans le monde moderne et complexe de la franchise, la communication assertive s'impose comme une compétence cruciale pour naviguer dans les eaux parfois tumultueuses des relations d'affaires. **Elle est un levier stratégique pour des résultats optimaux et une croissance soutenue.**

*Why, What, When, How, How much (pourquoi, quoi, quand, comment, combien)

Réflexions du coach

Je ne peux qu'insister sur l'importance de l'équipe, tant celle du bureau chef que des franchisés. Dans ma pratique, je vois trop souvent des équipes de direction faibles et dépendantes du PDG et des franchisés qui ne font pas équipe avec le franchiseur et qui restent faibles. C'est votre responsabilité en tant que leader en franchise de vous entourer d'excellents collaborateurs. Sans eux, vous n'irez pas bien loin. Avant d'amorcer votre transformation, je vous propose une réflexion à partir de ces questions :

Q1 : Comment décrivez-vous votre équipe (caractéristiques) ?

- Franchiseur
- Réseau

Q2 : Est-ce bien l'équipe que vous voulez ? Pourquoi ?

Q3 : Si c'était à refaire, qui ne ferait pas partie de l'équipe ?

Q4 : Pourquoi ?

Q5 : Si c'était à refaire, que feriez-vous de différent ?

Q6 : Qu'est-ce qui vous empêche de le faire maintenant ?

N. B. Même les meilleurs ont des défis lorsqu'on parle d'équipe

Chapitre 3

L'excellence opérationnelle: l'atout de croissance négligé des franchiseurs

Selon PwC, les 20 % d'entreprises en tête de leur secteur **surpassent de 13 fois leurs concurrents** en termes de marge bénéficiaire et croissance des revenus. Cette performance exceptionnelle n'est pas due à une formule secrète, mais plutôt à des ajustements interdépendants de leurs modèles d'affaires et opérationnels, et de la technologie qui les soutient.

En franchise, cela s'appelle l'excellence opérationnelle.

"Nous sommes ce que nous faisons à plusieurs reprises. L'excellence n'est donc pas un acte, mais une habitude"

– Aristote

La nécessité d'être excellent au quotidien

Il faut se rendre à l'évidence, les clients ont changé. Ils en veulent davantage et bien faire l'ordinaire n'est plus extraordinaire. Les choix se multiplient, tout est à portée d'un clic. C'est la même chose avec les franchisés : ils sont de plus en plus éduqués, ils ont des attentes élevées, souvent irréalistes, car propulsées par l'accès aux médias sociaux qui glorifient l'aventure entrepreneuriale. Comme franchiseur, vous êtes en compétition avec une multitude de solutions d'entrepreneuriat, sans compter les nombreux concurrents, franchiseurs régionaux, nationaux et internationaux.

La même logique d'excellence s'applique tant pour la profitabilité des franchisés que pour attirer des employés compétents et engagés ou pour développer une équipe qui soutient la réussite des franchisés.

Ne pas viser l'excellence et tolérer ce qui n'est pas fait correctement, c'est décider d'entraîner votre réseau vers le bas. Avec une conséquence : vous priver de votre capacité de croissance saine et rapide.

> En franchise, il n'y a plus de place pour les
> franchiseurs moyens!
> Ceux-ci ne réussissent tout simplement pas.

Excellent ne veut pas dire parfait !

Mais attention, l'excellence ne signifie pas la perfection. Inculquer la notion d'excellence dans votre réseau ne veut pas dire vouloir la perfection, mais plutôt vouloir s'améliorer tous les jours sur l'une ou l'autre des variables qui ont un impact réel sur la croissance.

Mais qu'est-ce que l'excellence opérationnelle chez un franchiseur?

Si nous prenons l'analogie d'une équipe sportive de haut niveau et transposons le tout pour un franchiseur et ses franchisés, l'excellence opérationnelle pourrait ressembler à cela :

Qu'est-ce qui crée une équipe qui excelle dans son sport?
Traduction : Qu'est-ce qui crée un franchiseur d'exception?

Une équipe de management et d'entraîneurs à la hauteur.
Traduction : une équipe franchiseur compétente, connectée avec le réseau et digne de confiance.

Un objectif clair
Traduction : une vision claire, supportée par des objectifs précis.

Des moyens financiers
Traduction : un modèle d'affaires performant pour le franchisé et pour le franchiseur.

Un état d'esprit de gagnant
Traduction : une obsession à créer un état d'esprit de croissance tant chez les franchisés qu'au sein de l'équipe franchiseur.

La capacité d'attirer les meilleurs talents possibles pour chaque position
Traduction : un système de recrutement et de sélection structuré et efficace qui priorise les aptitudes à la réussite du franchisé.

Un bon système de jeu
Traduction : un système d'exploitation permettant de répliquer l'excellence opérationnelle à tous les niveaux.

Un leadership de terrain provenant tant de l'équipe de coaching que des joueurs
Traduction : un travail d'équipe où chacun connaît et applique son rôle de manière compétente.

Du caractère de la part de tous
Traduction : "Les bottines doivent suivre les babines"

De la discipline
Traduction : un système d'audit orienté vers l'amélioration continue reconnu et partagé par tous ainsi que des rituels favorisant la mise en commun pour apprendre et s'améliorer.

De la créativité
Traduction : une capacité à innover afin d'améliorer l'expérience client pour rester pertinent.

Un esprit de corps
Traduction : une culture qui priorise le bien de la marque et du client avant ceux des franchisés et du franchiseur. Le fameux "tous pour un et un pour tous" ou le "leave no man behind" des Marines américains qui pourrait se transformer par *"leave no client behind"* (ne laissez aucun client derrière).

Cela vous semble impossible à réaliser ? Vous ne voyez pas comment y arriver ? Vous n'êtes pas seul !

Grâce au système développé dans les chapitres 4 à 10, vous verrez comment intégrer l'excellence au sein de votre réseau.

L'excellence veut dire agir ensemble

L'excellence en franchise, c'est l'affaire du franchiseur **ET** des franchisés. La meilleure manière de l'atteindre est d'y travailler ensemble **sur une base quotidienne**.

STOP! Arrêtons la machine deux secondes, c'est bien beau sur papier, mais c'est un réel défi!

Je suis parfaitement d'accord. Par définition, le franchisé et le franchiseur ne sont pas orientés de la même manière. Le franchisé est orienté sur le court terme avec un mode de pensée opérationnel (il faut bien servir les clients, non?), tandis que le franchiseur est orienté sur le moyen et le long terme afin d'établir la pérennité du réseau. Alors, que faire pour concilier ces deux horizons et travailler ensemble de manière productive? La réponse :

1. Renforcer les valeurs du réseau
2. Devenir un franchiseur apprenant

1. **Renforcer les valeurs du réseau**
   Renforcer les valeurs corporatives au sein d'un réseau de franchise est crucial pour maintenir la cohésion et l'identité de la marque et permettre à chaque franchisé d'agir en accord avec les principes et les attentes du franchiseur.

Comment implanter les valeurs au sein du réseau ?

1. Implanter vos valeurs dès le début
   - Intégrez les valeurs de l'entreprise dans le processus de sélection des franchisés.

2. Fournir une formation approfondie
   - Assurez-vous que chaque franchisé et son personnel comprennent et incarnent les valeurs de l'entreprise grâce à des programmes de formation dédiés.

3. Mettre en place une communication continue et transparente
   - Établissez des canaux de communication ouverts et réguliers entre le franchiseur et les franchisés pour discuter des valeurs de l'entreprise.

4. Faire preuve de reconnaissance et donner des récompenses
   - Mettez en place un système de reconnaissance et de récompenses pour les franchisés qui illustrent et appliquent de manière exemplaire les valeurs de l'entreprise.

5. Fournir un soutien adéquat
   - Fournissez aux franchisés les outils et le soutien nécessaire pour intégrer les valeurs de l'entreprise dans leur quotidien.

6. Organiser des événements et rencontres
   - Mettez en place des rencontres et des événements pour les franchisés axés sur le partage des meilleures pratiques et le renforcement des valeurs et de la culture d'entreprise.

7. Donner de la visibilité à vos valeurs
   - Veillez à ce que les valeurs de l'entreprise soient visibles et omniprésentes dans toutes les sphères du réseau.

8. Fournir une rétroaction et permettre l'amélioration
   - Encouragez les retours d'information et soyez prêts à évoluer en fonction des besoins et des expériences des franchisés.

9. Incarner le leadership
   - Le leadership doit incarner les valeurs de l'entreprise et montrer l'exemple.

En bref

La cohérence dans la pratique et la communication des valeurs est essentielle à tous les niveaux de votre organisation pour renforcer les valeurs corporatives au sein de votre réseau de franchises. Vous permettrez ainsi aux franchisés d'agir en accord avec vos valeurs et contribuerez également à construire une marque forte, cohérente et respectée.

2. Devenir un franchiseur apprenant

a. Qu'est-ce qu'un franchiseur apprenant ?

Le concept de "franchiseur apprenant" englobe l'idée qu'un franchiseur, indépendamment de sa taille ou de son succès, est constamment dans une démarche d'apprentissage et d'adaptation. Il s'inscrit dans une philosophie où les connaissances sont accueillies, évaluées, et appliquées de manière à améliorer continuellement l'organisation, les processus et les relations au sein du réseau de franchises.

Principales caractéristiques de ce franchiseur :

- Curiosité infinie : il cherche constamment à comprendre les dynamiques internes et externes qui influencent le réseau.
- Adaptabilité : il modifie les stratégies et les processus en fonction de l'apprentissage des franchisés et des multiples retours et commentaires qu'il reçoit.
- Collaboration : il intègre les connaissances et les expériences des franchisés et du personnel dans l'évolution du système de la marque.
- Perspective à long terme : il vise une croissance et un développement durable plutôt que des gains à court terme.

b. Que faire pour devenir un franchiseur apprenant?

1. Cultiver une mentalité de croissance
   - Pour embrasser le changement et considérer les erreurs comme des occasions d'apprentissage.

2. Instaurer un système de rétroaction robuste en impliquant les franchisés
   - Pour comprendre les forces et les faiblesses du réseau de l'intérieur et pour bénéficier de l'expérience pratique des franchisés et renforcer leur engagement.

3. Investir dans la formation continue
   - Pour que le réseau soit constamment mis à jour avec les dernières compétences et connaissances nécessaires à bâtir l'excellence opérationnelle.

4. Encourager l'innovation
   - Pour rester pertinent et compétitif dans le marché.

5. Prioriser l'analyse de données
   - Pour prendre des décisions fondées sur des informations concrètes et mesurables.

6. Pratiquer l'écoute active
   - Pour bien comprendre les besoins, les préoccupations et les aspirations des franchisés.

7. Créer une culture d'apprentissage
   - Pour que l'apprentissage et l'amélioration continue soient intégrés dans l'ADN de l'entreprise.

Ainsi, devenir un franchiseur apprenant demande de réorienter les attitudes, les structures et les pratiques afin de placer l'apprentissage et l'adaptation au cœur de la stratégie d'entreprise. Cette façon de faire enrichit le franchiseur, mais également l'ensemble du réseau en stimulant l'innovation, l'engagement, et le succès durable de l'écosystème de franchises.

Excellent = création de valeur franchiseur ET franchisés

Vous le savez, la meilleure manière de créer de la valeur à long terme passe par le succès de vos franchisés.

C'est la **GARANTIE** de croissance dont vous avez besoin. Or, ce succès n'est pas uniquement financier. Les exemples de franchises à succès qui ont perdu beaucoup de valeur ou qui ont disparu parce que la création de valeur a arrêté de fonctionner pullulent. Combien de réseaux de franchises à succès ont été minés par des problèmes légaux sans fin ou par une perte de part de marché fatale parce que la roue ne tournait plus ?

Quel est le problème alors ?

En franchise, on résume trop souvent la création de valeur par l'argent. C'est trop simpliste.

Les PDG de réseaux de franchises qui adoptent une approche purement financière omettent parfois l'importance des éléments intangibles qui contribuent à la réussite et à la satisfaction du franchisé. C'est vrai, un franchisé prospère financièrement sera généralement satisfait. Mais cela ne s'arrête pas là. Son bien-être, son engagement, et sa motivation sont également étroitement liés à la perception qu'il a de la valeur que lui apportent le réseau et ses leaders.

Concrètement, un franchiseur qui offre un support constant et une formation continue à ses franchisés s'assure non seulement que les compétences et les connaissances de ces derniers sont à jour, mais démontre aussi une volonté d'investir dans leur réussite à long terme. Ces initiatives génèrent un sentiment d'appartenance et de loyauté envers la marque, allant bien au-delà de la simple rentabilité financière.

Concrètement, un franchiseur qui pratique une communication assertive face aux opportunités et défis et qui offre à ses franchisés des outils concrets et de soutien favorise la mise sur pied d'un partenariat solide tout en créant un terrain propice à la prospérité mutuelle. La valeur se crée par le succès financier, mais aussi par un réseau fort, soutenu par des relations robustes et des échanges fructueux entre franchisés et franchiseurs.

Concrètement, les franchisés sont les premiers points de contact avec la clientèle. Ils représentent VOTRE marque au niveau local. Leur satisfaction, leur engagement et leur réussite se reflètent directement sur l'expérience client, l'image de marque et les performances financières du réseau. Ainsi, bien que la réussite financière soit essentielle, elle n'est pas la seule variable déterminante dans la création de valeur pour le franchisé.

Et vous, en tant que franchiseur, comment pouvez-vous développer votre valeur ?

Mesurer la création de valeur chez un franchiseur nécessite une approche multidimensionnelle. Celle-ci doit tenir compte d'éléments intrinsèques et extrinsèques afin d'évaluer non seulement la performance financière, mais aussi le développement durable du réseau de franchises.

Voici le tableau de bord sur lequel vous concentrer :

1. *Performance financière*
   o Croissance du chiffre d'affaires global et au niveau de chaque franchise
   o Rentabilité (franchiseur/franchisés)
   o Expansion du réseau

2. *Satisfaction et rétention des franchisés*
   o Taux de rétention
   o Enquêtes de satisfaction
   o Témoignages et références

3. *Vitalité de la marque*
   o Notoriété
   o Appréciation par la clientèle
   o Loyauté des clients
   o Efficacité marketing et publicitaire

4. *Innovation et adaptation*
   - Mise en œuvre de l'innovation
   - Agilité d'adaptation au marché
   - Proaction technologique

5. *Culture d'entreprise et leadership*
   - Engagement des employés et franchisés
   - Développement des compétences
   - Adhésion aux valeurs corporatives

6. *Conformité et qualité*
   - Respect des normes
   - Audits

7. *Responsabilité sociale de l'entreprise (RSE)* :
   - Initiatives écologiques
   - Engagement communautaire

Pour bien se comprendre :

Pas d'excellence opérationnelle = pas de profit à long terme
Pas d'excellence opérationnelle = croissance anémique ou décroissance
Pas d'excellence opérationnelle = franchisés non performants
Pas d'excellence opérationnelle = destruction de la marque

C'est grâce à votre leadership éclairé que l'excellence opérationnelle prend forme. Ce n'est pas de la magie, mais un travail acharné. La récompense en vaut la peine !

Réflexions du coach

En tant que leader en franchise, avez-vous déjà réfléchi à l'impact profond de l'excellence opérationnelle ? Voici quelques questions stimulantes pour susciter votre réflexion :

Q1 : Comment l'excellence opérationnelle peut-elle contribuer à une croissance durable au sein de votre réseau de franchises ?

Q2 : Vos franchisés sont-ils préparés au succès grâce à une culture de l'excellence opérationnelle ?

Q3 : Quel rôle joue la satisfaction client dans la réputation de votre franchise, et comment l'excellence opérationnelle l'influence-t-elle ?

Q4 : Avez-vous évalué les risques que l'excellence opérationnelle peut contribuer à atténuer au sein de votre système de franchises ?

Q5 : Dans un marché concurrentiel, comment l'excellence opérationnelle positionne-t-elle votre franchise pour le succès et la différenciation ?

Réfléchir à ces questions peut vous aider à mettre en lumière les avantages significatifs qu'un engagement envers l'excellence opérationnelle apportera à votre franchise.

Partie 2

Créer votre système de leadership de croissance

Chapitre 4

Il vous faut une feuille de route

Franchisexcel© le système de leadership de croissance

Le défi V.I.C.A.

Nous vivons dans un monde V.I.C.A. (Volatile, Incertain, Complexe et Ambiguë)

Volatile : les changements constants obligent à ajuster nos plans. Cette instabilité apporte une incertitude quant aux décisions prises, alors que les franchisés cherchent stabilité et sécurité.

Incertain : il devient ardu de prédire l'avenir. Les variables autrefois stables sont maintenant imprévisibles, nécessitant une adaptation rapide des modèles d'affaires. Les franchisés, eux, aspirent à la prévisibilité.

Complexe : les enjeux se multiplient, notamment avec l'impact de la technologie sur les consommateurs, les employés et le recrutement des franchisés. Cette complexité demande de nouvelles compétences et apporte des défis, tandis que les franchisés souhaitent une simplicité opérationnelle.

Ambiguë : les distinctions claires s'effacent face à la mondialisation et la numérisation. Les directives deviennent floues, tant au niveau des valeurs sociétales que des interventions gouvernementales. Les franchisés, pour leur part, recherchent des directives précises et des réponses claires.

Il est facile de constater que le monde V.I.C.A. dans lequel nous vivons change la donne, mais concrètement, que pouvez-vous faire ?

C'est ici que Franchisexcel© prend tout son sens. Voici pourquoi.

- Force est de constater que, si vous voulez un réseau et une croissance performante, vos actions feront LA différence, car elles insufflent l'énergie nécessaire à la mobilisation de vos partenaires. Franchisexcel© vous permet d'organiser et surtout d'implanter votre stratégie grâce à vos actions de leader. Ce système est centré sur le pouvoir qu'ont les individus de réaliser de grandes choses.

  Négliger d'implanter Franchisexcel© vous expose aux aléas que nous connaissons tous :

  o Peu ou pas de croissance
  o Croissance désorganisée
  o Piètre qualité de vos franchisés
  o Incongruité opérationnelle

- Désertion des clients au fur et à mesure que le réseau grandit
- Rotation de franchisés incontrôlée
- Pas de création de valeur
- Conflits au sein du réseau
- Impossibilité d'attirer et de conserver les membres de l'équipe franchiseur

Résultat : tout le monde est malheureux et votre beau projet de franchise devient votre pire cauchemar.

Ce chapitre vous prépare à tirer le meilleur de la deuxième partie de ce livre.

Comprendre Franchisexcel©

Ce qui compte ce sont les résultats, non ? En effet, vous avez raison tout autant que vos franchisés, vous voulez des résultats. Or ceux-ci ne sont pas le fruit du hasard. Ils sont tributaires de votre leadership.

Mais...

Lorsqu'on parle de développement du leadership, la plupart des chefs d'entreprise s'entendent pour dire que c'est un chemin long et fastidieux et qu'il est difficile d'évaluer les résultats. Le ROI est très abstrait. Or, Franchisexcel© est un système orienté sur les actions favorisant l'émergence du leadership et entraînant des résultats et non des concepts abstraits.

Les décisions ne sont que des idées, les actions sont des résultats.

Ainsi, votre succès comme leader d'un réseau de franchises dépend beaucoup plus de vos actions que de vos idées...

Pourquoi?

C'est simple : vos partenaires d'affaires ont d'importantes attentes et sont centrés sur les résultats parce que leur rôle premier est d'agir et non de créer.

Cela ne veut pas dire que les idées ne sont pas nécessaires, mais elles doivent être transformées en actions pour créer des résultats tangibles. Alors, comment y arriver?

Le modèle de leadership derrière le système Franchisexcel©

Ma vision de la franchise est simple. Je suis fermement convaincu qu'il y a trois dimensions clés qui font ou défont les réseaux de franchise :

1. La compétence des leaders en franchisage
2. La connexion entre le franchiseur, les franchisés et les franchisés entre eux
3. La confiance mutuelle au sein du réseau

Ces trois dimensions forment la base de votre leadership, c'est la recette secrète!

Pour atteindre les résultats que vous désirez, il faut élargir la zone d'intersection commune grâce à vos actions dans chacune des sphères.

RÉSEAU MOINS PERFORMANT

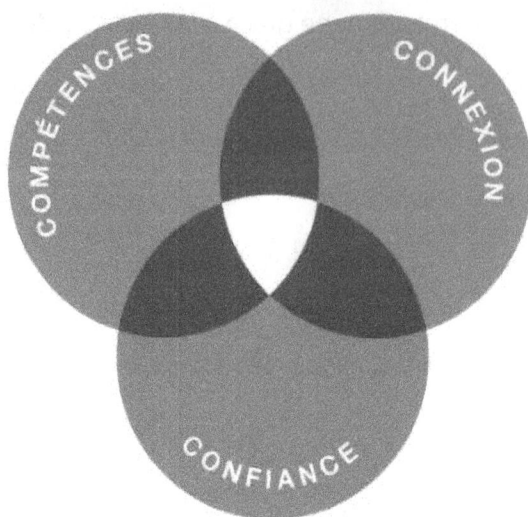

COMPÉTENCES · CONNEXION · CONFIANCE

RÉSEAU PERFORMANT

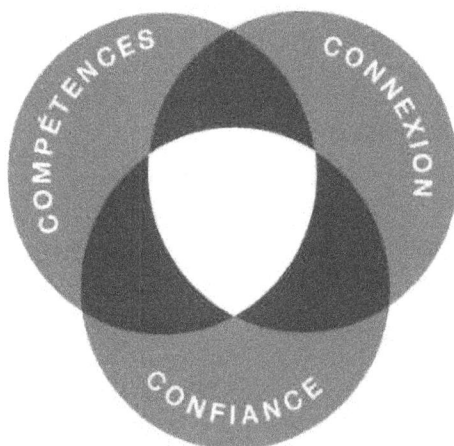

COMPÉTENCES · CONNEXION · CONFIANCE

LE MODÉLE DE LEADERSHIP DE CROISSANCE
IMAGINE FRANCHISE

> **Note :** Le chapitre 5 " Évaluer vos compétences et votre leadership avec Franchise Performance 360© " vous permettra de comprendre comment utiliser les trois dimensions à votre avantage.

Le système Franchisexcel©

Souvent, les réseaux de franchises peinent à exploiter tout leur potentiel de croissance, faute d'un véritable système de leadership orienté vers cet objectif. C'est pourquoi, fort de 25 ans d'expérience en leadership au sein de réseaux de franchises et de 15 ans en coaching exécutif pour des PDG de franchise, j'ai créé Franchisexcel©. Ce système fonctionne en six étapes conçues pour stimuler une croissance exponentielle, en triplant, quintuplant, voire même en décuplant vos résultats en trois à cinq ans. Il privilégie l'aspect humain, essentiel à la croissance organique et à l'expansion du réseau.

Franchisexcel© est pensé sur mesure pour vous. Ses avantages principaux sont :

- **Clarté d'action** : il vous guide dans l'implémentation des changements désirés.
- **Leadership structuré** : il définit clairement vos actions en tant que leader.
- **Priorisation** : il vous aide à déterminer vos priorités.
- **Construction d'équipe** : il clarifie le profil de l'équipe que vous souhaitez bâtir.
- **Discipline d'affaires** : il instaure la rigueur nécessaire pour atteindre vos objectifs.

- **Responsabilisation** : il encourage l'engagement envers les résultats, aussi bien au sein de votre équipe que chez vos franchisés.
- **Autoévaluation** : il permet d'évaluer votre performance en tant que franchiseur.
- **Agilité** : il facilite l'adaptation aux changements envisagés.
- **Unité** : il assure que toutes les parties prenantes partagent les mêmes objectifs.

Dans un contexte VICA où les marges d'erreur se réduisent, il est crucial d'agir rapidement pour construire des réseaux de franchises performants. Franchisexcel© est la clé pour y parvenir.

FRANCHISEXCEL©

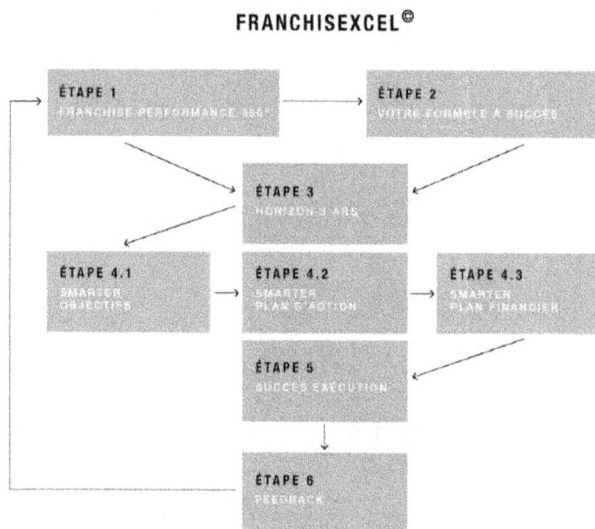

C'est en travaillant avec ce modèle que mes clients arrivent à avoir de l'impact au sein de leur réseau et à atteindre de nouveaux résultats.

Chapitre 5

Évaluer vos compétences et votre leadership avec franchise performance 360©

Les impératifs d'une planification efficace pour la croissance

La première étape du système Franchisexcel© est de réaliser un bilan à l'aide de Franchise Performance 360©. C'est une étape obligatoire, car aborder un plan de croissance sans une préparation adéquate est semblable à naviguer en pleine tempête sans boussole. Les conséquences de ce manque de préparation peuvent être dévastatrices pour votre réseau de franchises. Il peut en résulter une incapacité à développer de nouvelles franchises, une baisse des ventes dans vos franchises existantes, des dépenses accrues pour compenser les défauts de qualité... Autant de scénarios qui se traduisent par une réduction significative de vos profits.

Mais les conséquences ne s'arrêtent pas là. L'improvisation peut engendrer des problèmes légaux complexes et coûteux, sans oublier les dommages potentiels infligés à votre marque. Chaque décision impulsive ou plan non structuré peut gravement impacter votre image de marque et votre réputation, deux atouts inestimables dans le monde de la franchise.

En définitive, ce manque de préparation et de vision stratégique ne fait pas que nuire à votre entreprise : il affecte également la prospérité de vos franchisés. En d'autres termes, tout le réseau paie le prix de cette défaillance de leadership. Ce n'est sûrement pas l'issue que vous envisagez pour votre entreprise et vos partenaires.

Avec Franchise Performance 360©, vous serez en mesure d'identifier vos principales lacunes. Vous élaborerez un plan d'action ciblé pour les rectifier et capitaliser sur vos points forts pour augmenter votre impact. Rappelez-vous cette maxime de Seth Godin : "Tout ce qui se mesure s'améliore ". C'est en mesurant et en comprenant vos points faibles que vous pourrez les transformer en occasions de croissance.

Section 1 : Qualité des fondamentaux de votre franchise

Dans ma pratique, je vois des franchiseurs qui ne maîtrisent pas la base du succès d'affaires en franchise. Les conséquences de ce manque sont nombreuses, mais la plus importante est que les franchiseurs et les franchisés ne font pas les profits qu'ils devraient. Voici une échelle de comparaison pour franchiseur publiée par le Franchise Performance group (USA). Elle devrait vous aider.

Cycle de vie du franchiseur	Nombre de nouvelles franchises dans l'année	BAIIA cible
Démarrage	0 à 5	-25 % à + 5 %
Émergence	5 à 15	-10 % à +10 %
Forte croissance	15 à...	+10 à + 20 %
Maturité		20 % +

Source : Franchise Performance Group (USA)

Vos performances économiques ne sont-elles pas conformes aux standards ? Une partie de la réponse réside dans le manque de qualité de vos fondamentaux.

Outre les facteurs propres à votre industrie, voici les principaux fondamentaux d'un réseau de franchises performant :

- La puissance de votre stratégie
- La qualité de votre équipe et de votre structure organisationnelle

La concordance des membres de votre équipe avec vos valeurs

- La performance et la robustesse de vos systèmes
- L'exercice de l'excellence opérationnelle au sein du réseau
- Votre profitabilité comme franchiseur
- La profitabilité des franchisés
- La qualité et la pertinence de votre branding et marketing
- La valeur de la marque auprès de votre clientèle
- La valeur de votre marque auprès de franchisés potentiels

Je crois que le succès en franchise repose à 50 % sur la dimension affaires et à 50 % sur le facteur humain.

La première moitié du bilan valide la dimension affaires de votre franchise. La négliger, c'est augmenter le risque d'échec de manière exponentielle.

L'autre 50 % valide le modèle de leadership de croissance. Compétences-Connection-Confiance = succès de votre réseau

S'attaquer à votre croissance n'est pas une mince affaire et c'est par votre leadership que cela peut se faire. Les sections suivantes seront probablement de vrais défis pour vous. Elles font appel à une série de comportements qui, une fois réalisés, démontrent votre leadership auprès de votre équipe et vos franchisés et entraînent les résultats que vous voulez.

Section 2: Le leadership de croissance

Au-delà des résultats financiers, savez-vous quel est l'élément stratégique qui détermine véritablement votre succès?

> Est-ce votre image de marque? Non.
>
> L'innovation? Non plus.
>
> Vos campagnes publicitaires? Encore non.

La réponse à laquelle je crois est la qualité de votre leadership auprès de vos franchisés. Ce constat ne devrait pas vous surprendre, mais permettez-moi de vous dire que la meilleure manière d'exercer ce leadership est l'action, et non les simples discours. La seconde partie de Franchise Performance 360MC se concentre sur les comportements de leadership efficaces qui poussent vos franchisés à être en adéquation avec votre vision et à stimuler la croissance désirée.

S'appuyant sur le modèle "Compétences-Connexion-Confiance = Succès", cette partie de l'évaluation promet de déclencher des discussions enrichissantes au sein de votre équipe.

La compétence en franchisage

La célèbre citation de KKah, "L'ambition sans compétence est un crime", souligne l'importance cruciale de la compétence dans le franchisage. Ce n'est pas simplement une exigence, c'est une nécessité à tous les niveaux organisationnels pour instaurer une culture de leadership orientée vers l'excellence et la croissance. Cela constitue l'ingrédient principal d'une formule gagnante.

Pourquoi votre compétence en franchisage est-elle essentielle pour les franchisés?

Le franchisé recherche plus qu'un simple retour financier. Il s'associe à vous pour réaliser son rêve entrepreneurial. Si on pouvait lire dans ses pensées, voici ce qu'on obtiendrait :

"Comme franchisé, j'ai confiance en tes compétences pour réussir mon rêve d'être en affaires accompagné d'un partenaire solide. Je vais pouvoir exercer mes talents et réussir rapidement à très bien vivre de ma franchise. Cela me permettra de réaliser mes projets personnels et familiaux et d'obtenir un retour sur investissement plus rapidement que si j'avais démarré une entreprise indépendante."

Votre compétence en franchisage impacte donc directement la réussite du franchisé.

Les trois compétences clés

En franchise, les erreurs peuvent avoir un effet multiplicateur désastreux. Un réseau peut chanceler et s'effondrer sous le poids de ces erreurs. Pour éviter cela, le franchiseur doit maîtriser trois clés essentielles:

1. La maîtrise de la croissance
2. L'excellence opérationnelle de haut en bas
3. Être un "obsédé du ROI"

1. **Maîtrise de la croissance**
   La croissance d'un réseau de franchises dépend tout d'abord de la compréhension approfondie par tous les membres de l'équipe du modèle d'affaires du franchisé afin d'être en mesure d'influencer la rentabilité par les décisions l'affectant. Des promotions mal pensées, des erreurs d'approvisionnement, des méthodes d'opérations inefficaces, un manque de technologie sont autant d'exemples qui illustrent la non-maîtrise du modèle d'affaires.

   Réflexions sur la croissance :

   a. La croissance organique
      Cette croissance est le VRAI signe de santé du réseau, car des ventes stables ou en recul témoignent d'une faiblesse importante au niveau du leadership. À ce

niveau, l'excuse facile du genre "que voulez-vous, c'est le marché qui ne nous aide pas", n'est pas la réponse que les franchisés attendent.

b. La croissance par de nouvelles franchises
Aucun franchiseur ne peut prétendre à maximiser la création de valeur sans de nouvelles franchises. Celle-ci dépend aussi d'un processus efficace de recrutement et de sélection des candidats, et d'une intégration réussie des nouveaux venus. Le développement des compétences en gestion chez les franchisés est également crucial.

2. **L'excellence opérationnelle de haut en bas**
Construire une culture d'excellence opérationnelle demande rigueur et discipline. Celle-ci doit être ancrée dans la vision du franchiseur et adoptée à tous les niveaux du réseau.

Qu'entend-on par excellence opérationnelle?

La métaphore d'une équipe de formule 1 nous permet d'illustrer le tout.

Le pilote (le franchisé) ne peut gagner seul : il a besoin de son équipe.

L'équipe (le franchiseur) veille à fournir les meilleures conditions possibles au pilote pour qu'il performe le mieux possible.

L'excellence opérationnelle est l'exécution du plan de course gagnant.

C'est le travail acharné commun qui, tour après tour, permet la victoire.

Voilà ce qu'est l'excellence opérationnelle, et ce, pour chaque client qui consomme votre produit ou votre service.

C'est un vrai défi, mais c'est ce qui sépare les franchiseurs ordinaires qui vivotent des franchiseurs d'exception qui développent la pleine valeur économique et humaine et réalisent leurs rêves.

Attention aux maillons faibles !

Le succès d'une stratégie est dans l'exécution, et ce à tous les niveaux.

" De bonnes tactiques peuvent sauver la pire des stratégies. De mauvaises tactiques peuvent détruire la meilleure des stratégies. "

– Général Patton

Je constate chez la majorité des franchiseurs l'existence de deux maillons faibles au sein des réseaux. En les renforçant, vous mettez toutes les chances de votre côté d'atteindre le succès avec une stratégie forte.

a. Le coach de succès des franchisés
b. Le franchisé complaisant

Vous voulez en savoir plus et trouver des solutions? Consultez les annexes D et E dans le lot boni que vous pouvez recevoir en utilisant le code QR à la page 6.

3. **Être un obsédé du ROI**
Je crois que le franchiseur a tout à voir dans la profitabilité d'un franchisé. Je m'explique. Le franchiseur compétent a une visibilité mensuelle de la profitabilité sur chacun de ses franchisés. Il met en place des mécanismes afin de partager cette information de manière transparente à tous les franchisés du réseau via des indicateurs clés de performance (ICP) communs. Tous peuvent donc comparer leurs performances et trouver ensemble des solutions aux écarts. De plus, le franchiseur agit sans délai sur le manque de profitabilité de ses franchisés.

Pourquoi puis-je dire cela?

80 % des franchiseurs en Amérique sont des PME de service ayant des moyens limités, donc des revenus de quelques millions seulement. Si la rentabilité des franchisés n'est pas une priorité absolue pour eux, ils mettent leur profitabilité à risque.

Pourquoi être un obsédé du ROI?

Parce que :

Produire un ROI supérieur est une des raisons qui justifie pour le franchisé l'ensemble des frais (redevances et autres) et des investissements requis.

Un ROI supérieur permet au franchiseur d'accélérer les changements nécessaires pour s'ajuster au marché afin de protéger la future rentabilité du franchisé.

Un ROI supérieur est un aimant à nouveaux franchisés. Il augmente votre capacité de générer de la croissance et d'offrir des solutions pour la relève des franchisés.

Être un obsédé du ROI est non seulement nécessaire, mais obligatoire pour tout franchiseur qui veut réussir dans ce monde VICA.

Cette compétence est souvent sous-développée chez le personnel d'exploitation du franchiseur. Pourtant, c'est une partie intrinsèque du rôle de l'exploitation. Un franchiseur averti vérifiera la compétence financière des membres de l'équipe.

La confiance

- Pourquoi un franchisé s'engage-t-il complètement dans la relation avec son franchiseur ?
- Qu'est-ce qui le motive à faire croître son entreprise et devenir un franchisé multi unités ?
- Quelles sont les causes de l'apparition de comportements déviants chez un franchisé ?

- Quelles sont les causes du désengagement d'un franchisé envers les initiatives stratégiques d'un franchiseur?

Quelle est la cause d'un taux de roulement élevé chez les franchisés?

L'argent? Mais ce n'est qu'une partie de l'équation. Ce qui déclenche un comportement est rarement rationnel, mais plutôt de l'ordre des émotions.

Selon mes observations, les franchisés les plus rentables, qui performent le mieux aux opérations et qui sont engagés, font avant tout confiance au franchiseur. Chaque fois que la confiance manque à l'appel, les problèmes s'accumulent.

Ainsi, **le manque de confiance est la plus grande dépense des franchiseurs**. Combien de ventes manquées? Combien de changements à faire qui n'arrivent pas? Combien d'arguments sans fin pour tenter de s'entendre? Tout cela est causé par le manque de confiance.

Alors, que faut-il faire pour développer la confiance?

Comprenons que la confiance est avant tout un état d'esprit qui se traduit par une multitude de comportements qui, si vous les adoptez, vont affecter positivement la confiance de vos équipiers, de vos franchisés. En franchise, la confiance ne vient pas naturellement. Elle doit être activée, renforcée et partagée pour pouvoir s'établir.

La confiance s'appuie sur 5 éléments :

1. Le caractère
2. L'engagement
3. La compassion
4. La consistance
5. La contribution

1. **Le caractère** (soit les qualités mentales et morales propres à un individu). Nous pourrions résumer le tout avec une phrase : pense, décide et agit avec intégrité.

   Par opposition, le manque de caractère pourrait se caractériser par un manque d'intégrité, la malhonnêteté et la paresse.

"Être leader d'un réseau de franchises sans compas moral, c'est entraîner les franchisés et votre équipe dans le chaos"

– S. Breault

   Quoi faire ? La meilleure manière de démontrer du caractère est de prendre toutes les décisions en fonction des valeurs de l'organisation.

2. **L'engagement.** Les gens font confiance à ceux qui tiennent leurs promesses. Il n'y a pas vraiment de compromis à faire avec l'engagement, car c'est un vecteur d'adhésion pour bâtir la confiance.

"L'engagement d'un franchisé se mérite, il ne se commande pas "

– S. Breault

Au sein d'un réseau de franchises, on constate qu'il y a un manque d'engagement lorsqu'il y a un manque de suivi sur les projets présentés et les promesses faites, un manque de loyauté auprès de la franchise. Aussi, le syndrome du "ce n'est pas de ma faute" est omniprésent. On constate également une tolérance de la non-performance chez les autres membres du réseau et l'absence de prise de décision.

Quoi faire ?

La réponse passe par l'assertivité, la discipline et la persistance. Il est normal que tous ne soient pas au même diapason avec les objectifs, les priorités et les moyens pour les atteindre. C'est le rôle du franchiseur de veiller à ce que l'ensemble du réseau rame dans la même direction. N'oublions pas qu'il faut répéter au moins sept fois un message pour qu'il soit compris. Chez mes clients, je constate que ceux qui ont le plus de succès s'engagent à fond et sans compromis dans le succès de la stratégie que nous avons cocréée. Il n'y a pas de demi-mesures. Ils sont assertifs, disciplinés et très persistants.

3. **La compassion** : nous faisons confiance aux personnes qui font passer nos intérêts avant les leurs.

Quoi faire ? Au sein d'un réseau de franchises, il faut apprendre à "attraper" les franchisés qui font les bonnes choses et le reconnaître de manière spécifique, authentique et personnalisée.

4. **La constance.** La constance est le catalyseur de la confiance. En étant constant, vous créez un effet domino. Tous peuvent se fier à vous, et du fait même, vous favorisez la confiance.

Il est facile de constater l'absence de constance dans un réseau : c'est le chaos, le travail est irrégulier, l'expérience client est très variable d'une franchise à l'autre, les comportements sont inconsistants, et on note beaucoup d'imprévisibilité.

Quoi faire ?

Ma réponse : créer des rituels. Ceux-ci font partie de la vie d'un réseau. Ils établissent la sécurité nécessaire à développer la confiance. Avez-vous des rituels ?

Par exemple :

o Célébration de bienvenue par tout le réseau lors de l'ouverture d'une nouvelle franchise.
o Reconnaissance des anniversaires
o Réunions régulières diverses
o Rencontres individuelles (mensuelles, trimestrielles)

- Rencontre individuelle annuelle de planification du succès avec chacun des franchisés
- Envoi de cartes postales pour souligner les bons coups
- Visite des franchises
- Convention annuelle
- Etc.

5. **La contribution**. C'est la capacité de livrer les résultats promis. C'est là que toutes les autres clés prennent forme, car c'est bien beau d'avoir du caractère et de l'engagement, mais si cela ne donne rien, à quoi bon.

Il n'y a pas de contribution lorsqu'on doit sonner l'alarme partout, que la désorganisation règne, que les réunions n'en finissent plus, qu'il n'y a pas de suivi, etc.

La contribution n'est pas à sens unique. Je vois souvent des franchiseurs organiser des activités et lancer des programmes pour obtenir des résultats sans que les franchisés embarquent. Le partenariat est à deux sens et les franchisés sont eux aussi tenus d'obtenir des résultats, car ils doivent contribuer au succès de l'équipe et de la marque. C'est l'essence du partenariat, non ?

"Ensemble, nous réussirons à réaliser nos objectifs pour atteindre nos rêves". Telle devrait être votre devise.

Ainsi, choisir de développer la confiance est un geste de leadership fort. Il est exigeant et comporte des risques, mais il contribue à forger un réseau performant.

La connexion

La connexion

La connexion qui existe entre les franchisés et vous, vos employés et vos clients est la pierre d'assise sur laquelle reposent les fondamentaux de l'effet positif du leadership de croissance.

La connexion est l'esprit de corps (1) qui règne dans un réseau.

> (1) Esprit de corps : sentiment de fierté, de camaraderie et de loyauté commune partagé par les membres d'un groupe particulier.

C'est à vous qu'appartient la responsabilité de l'établir et de la nourrir. Sans la connexion, pas d'engagement.

"Les gens n'achètent pas ce que vous faites, ils achètent pourquoi vous le faites. Et ce que vous faites prouve simplement ce que vous croyez."

– S.Sinek

Trois qualités indispensables pour connecter

1. **La clarté**

   La clarté, c'est transmettre l'information avec précision, comprendre ce qui est essentiel et savoir ce qui est nécessaire. Elle élimine les zones d'ombre, offrant les outils pour avancer sereinement.

Cette composante du leadership est plus que nécessaire et trop souvent absente au sein des franchiseurs. Avec la clarté, votre message sera mieux compris et vous pourrez progresser plus facilement.

Quoi faire ? Le chapitre 6 Bâtir la formule à succès de votre franchise vous propose des solutions.

2. **La communication assertive**
   Souvent, on blâme la mauvaise communication pour expliquer les échecs et les conflits entre franchiseur et franchisés. Ces échecs sont dus au fait qu'une partie cherche à gagner sur l'autre. Avouons que c'est contre-productif lorsqu'on vise à avoir un partenariat à long terme.

   Quoi faire : la solution est la communication assertive. Dans une relation franchiseur/franchisé des mésententes, divergences d'opinions, incompréhensions et potentiels conflits vont arriver. C'est tout à fait normal et souvent sain, car ceux-ci permettent de mettre au clair l'état du partenariat et de prendre des décisions bénéfiques pour les deux parties.

   Définition : la communication assertive est une façon d'exprimer son point de vue de manière claire et directe, sans être agressif ou passif.

   En maîtrisant l'art de communiquer de manière assertive, les leaders en franchise évitent les conflits et désagréments qui minent les réseaux.

Naturellement, cela fonctionne mieux si la communication est déjà ouverte et bien établie, car celle-ci permet de bâtir un terreau de confiance mutuelle. Sans celui-ci, ce sera un vrai défi !

La communication assertive est ainsi la voie la plus productive pour établir une communication efficace.

3. **Le magnétisme**
Par définition, un réseau de franchises fait appel à la décentralisation opérationnelle poussée à son extrême. En tant que franchiseur, vous déléguez votre pouvoir de faire vivre à des clients l'expérience de votre marque à une tierce partie : votre franchisé. Mais qu'est-ce qui tient le tout ensemble ?

La convention de franchise et le manuel d'exploitation ne sont que des guides, mais ils n'agissent nullement sur la volonté intrinsèque du franchisé à mieux faire, à se dépasser, à créer une équipe hors pair, à pleinement adhérer à la marque.

Qu'est-ce que ça prend alors ?

Du magnétisme.

Au lieu de franchisés apathiques qui détruisent la marque et qui n'aiment pas leur franchise. J'imagine que vous rêvez de vous retrouver devant des franchisés impliqués, enthousiastes envers les projets, investis dans leur travail autant que dans le développement de la marque.

Le magnétisme chez un franchiseur est la capacité d'attirer et de rassembler les membres de l'équipe et les franchisés afin de réaliser l'objectif à long terme en conformité avec les valeurs du réseau.

Mais que faire afin de créer ce magnétisme ?

Selon ce que j'ai pu constater chez mes clients, ce qui crée le magnétisme est un amalgame d'activités significatives qui visent à développer un sentiment d'amour et de fierté pour la marque au sein de l'équipe franchiseur-franchisés. Ce sentiment ne peut être acheté par l'argent. C'est le magnétisme qui fait dire à ses membres qu'ils ont le logo tatoué sur le cœur.

Le magnétisme n'est pas de la magie

À titre de leader de votre réseau, c'est à vous de le créer. Pour ce faire, n'hésitez pas à impliquer votre équipe et vos franchisés. Vous en sortirez gagnant.

Enfin, voyez le magnétisme comme l'effet turbo sur l'ensemble des trois composantes du modèle. Quand les gens sont attirés vers les leaders, l'adhésion est d'autant plus forte.

Doutez-vous du ROI de l'impact de votre investissement en connexion?

Cet extrait du livre de John Maxwell *High Road Leadership : Bringing People Together in a World That Divides saura vous convaincre.*

"Appréciez le retour positif

Les leaders vertueux ne valorisent pas les gens dans l'attente d'une récompense. Ce n'est pas la bonne motivation. Cependant, valoriser les autres finit par apporter des bénéfices, avec le temps et la constance. J'ai identifié trois types de retours que vous pouvez obtenir en valorisant les autres :

Un retour relationnel : Quand vous valorisez toutes les personnes, vous ne pouvez qu'améliorer vos relations. Chaque interaction ouvre la porte à de nouvelles relations et améliore celles avec les personnes que vous connaissez déjà.

Un retour émotionnel : je n'ai jamais connu une personne qui valorise les autres et leur apporte de la valeur sans recevoir un retour émotionnel. Peu de choses dans la vie sont plus gratifiantes que d'aider un autre être humain.

Un retour en leadership : valoriser les gens offre également un retour pour vous en tant que leader. Lorsque vous vous souciez des gens, les valorisez et agissez dans leur intérêt, votre influence augmente parce qu'ils vous font confiance et ont davantage envie de travailler avec vous. Et même s'il n'y a pas de lien direct avec vous dans votre équipe ou votre organisation, ils voudront vous aider à réussir ou vous mettre en relation avec des personnes qui peuvent vous aider directement."

Réflexions du coach

Comment sait-on si nous sommes optimaux dans nos compétences, notre capacité de développer la confiance et la connexion comme franchiseur ?

Vous me direz que ce sont les résultats qui comptent, non ? Eh bien non, les résultats ne sont qu'une des variables à prendre en compte. À mon sens, l'important c'est la somme des actions que vous prenez de manière proactive.

En guise de réflexion, posez-vous les questions suivantes :

Q1 : Est-ce que je peux améliorer mes compétences en franchisage ? Si oui, lesquelles ?

Q2 : Quel score auriez-vous si vous teniez une étude de satisfaction des franchisés ? Quelles dimensions seraient les plus fortes, les plus faibles ?

Q3 : Avons-nous des pratiques de leadership qui génèrent la confiance chez nos franchisés ?

Q4 : Avons-nous un esprit de corps solide au sein du réseau ? Si oui pourquoi ? Si non pourquoi ?

"Connaître autrui n'est que science, se connaître soi-même c'est l'intelligence"

– Lao Tseu

Chapitre 6

Formulez votre formule de réussite

Réussir en franchise est exigeant. Toutefois, je pense que nous sommes entièrement responsables des résultats que nous obtenons. Pour un leader en franchise, cela implique nécessairement le succès des franchisés. Bien sûr, vous n'êtes pas responsable du succès individuel de chacun de vos franchisés. Toutefois, vous êtes responsable de créer les conditions pour qu'ils réussissent.

Mais qu'est-ce que le succès en franchise et comment créer les conditions pour aider votre équipe et vos franchisés à y arriver?

C'est ici que la formule suivante pourra vous servir de guide dans vos actions.

% Foi X % de Focus X % Effort = % de Succès

C'est l'union des actions que vous posez sur ces trois composantes qui crée l'activation de la formule à succès de votre franchise.

Le secret de la formule, c'est l'effet multiplicateur. Pour obtenir des résultats probants, il faut y mettre la gomme!

Sans être un savant mathématicien, vous constatez que 100 % est pratiquement impossible à obtenir. L'idée ici, c'est que pour avoir un impact durable chez les franchisés, il faut que les actions soient significatives.

Un exemple pour mieux comprendre l'effet de levier de la formule

Imaginez que, à la suite de votre bilan dans Franchise Performance 360©, vous mettez en place un plan en quatre étapes portant sur les actions d'impact qui développent la variable Focus de la formule. Au fil du temps, vos résultats Focus s'améliorent, vous pouvez voir l'effet sur votre pourcentage de succès.

Étape	Foi	Focus	Effort	Succès
1	60 %	50 %	60 %	18 %
2	60 %	75 %	60 %	27 %
3	60 %	85 %	60 %	31 %
4	60 %	100 %	60 %	36 %

En doublant la variable Focus, vous doublez votre résultat de succès.

Bien sûr, vous voudrez définir avec plus de précision ce qu'est le succès pour vous et votre réseau. C'est ce que nous pourrions établir comme but ultime.

Vous voulez en savoir plus et trouver des solutions ? Consultez le lot boni que vous pouvez recevoir en utilisant le code QR à la page 6.

Explorons un peu plus ces composantes.

% Foi

Dans le cadre de ce livre, la foi ne réfère pas à une croyance religieuse, mais à la confiance en la réussite de votre projet. Les franchisés s'associent à votre marque et système dans un acte de foi. Alors, comment cultiver cette foi au sein d'un réseau de franchises ?

La foi repose sur trois aspects indissociables : l'état d'esprit, les compétences et le renforcement.

État d'esprit (le mindset) : la clarté est essentielle pour un leader en franchise afin de rassembler les franchisés. Cela inclut de définir une vision, une mission pour les clients et les franchisés, des valeurs claires, les attentes mutuelles et un but ultime. Ces éléments mettent tous les membres du réseau sur la même longueur d'onde et concentrés sur le succès désiré.

Compétences : les compétences sont cruciales pour renforcer la foi en la réussite. Le secret : développer une culture de formation permanente dans votre réseau, couvrant le savoir (les connaissances), le savoir-faire (les opérations) et surtout, le savoir-être de leaders en franchise (les comportements). La plupart des franchiseurs sont très habiles pour agir sur les deux premières compétences, mais peu s'attardent à la troisième, le savoir-être. Pourtant celle-ci est fondamentale afin de créer l'attitude de croissance, d'engagement et de collaboration que vous recherchez.

Renforcement : des rituels réguliers et organisés aident à maintenir et à développer la foi. Créer une culture où être membre de l'équipe est un privilège et une source de fierté renforce l'esprit de corps et l'influence sur les franchisés.

Le cas ZZZ (1) le réseau qui dort :

Fondé par 14 franchisés il y a dix ans après la faillite du franchiseur, ce réseau s'est bâti au fil des ans une bonne réputation dans son domaine. Depuis l'après COVID 19, le réseau stagne, les performances des franchisés stagnent ou se détériorent, l'excellence opérationnelle est le fait de quelques individus par leurs efforts individuels. Le marché est en pleine évolution et le réseau n'a aucun plan pour s'adapter, regagner et conquérir des parts de marché. Le leadership est à la petite semaine, se concentrant exclusivement sur le marketing.

Au fil de mes interventions et après le choc du résultat de Franchise Performance 360©, il est évident que la formule à succès de ce franchiseur n'existe tout simplement pas.

À la suite de l'exercice de création de la formule à succès, tous les franchisés sauf un adhèrent à un plan très ambitieux de transformation qui s'échelonne sur trois ans afin de réaliser un plan de croissance et de création de valeur 10X sur cinq ans.

L'élément clé de cette nouvelle formule est la Foi. En effet, tous les franchisés décident de s'engager et d'investir directement dans le franchiseur via l'acquisition d'actions. Ils souhaitent changer le modèle d'affaires de la franchise afin de permettre au franchiseur, dont ils sont actionnaires, d'avoir les moyens d'accomplir la vision.

Du jour au lendemain, malgré l'insécurité liée aux changements, les rencontres deviennent dynamiques, les initiatives stratégiques s'implantent une à une avec discipline et rigueur et les performances s'améliorent.

Il est encore trop tôt pour mesurer l'impact sur la création de valeur, mais les performances et l'adhésion des franchisés au plan laisse croire que ce réseau est sur la bonne voie.

*Pour des raisons de confidentialité, je ne peux pas donner le nom de ce franchiseur.

En résumé, la foi que vous saurez transmettre à tous est un atout stratégique pour votre succès. Elle se construit par une vision claire, le développement des compétences et un renforcement constant.

% Focus

Comme vous le savez déjà, pour augmenter vos chances de réussite en franchise, vous devez garder le cap et vous concentrer sur l'essentiel. Peu importe si vous êtes un réseau émergent, en forte croissance ou mature. Je vous l'accorde, garder le focus n'est pas toujours évident.

Je rencontre souvent des franchiseurs qui sont très occupés à être occupés, mais qui ne font qu'éteindre des feux qu'ils ont eux-mêmes allumés par manque de focus.

Alors que faut-il faire pour garder le focus ?

Je cite souvent cette phrase à mes clients : " Il est urgent de ne rien faire. Il est temps de penser. "

Quoi penser ? Je vous propose quatre pistes de réflexion :

1. Arrêter de croire que vous êtes un superhéros
2. Vous poser les bonnes questions
3. Apprendre à prioriser
4. Être SMARTER

1. **Arrêter de croire que vous êtes le superhéros**
   Comme leader, vous êtes constamment dans l'urgence, les gens font la queue devant la porte de votre bureau (ou votre écran) pour obtenir des réponses. Vous finissez par ne pas prendre de décision. Vous manquez de focus.

   Rester focus, c'est faire des choix, dire non et demeurer patient. C'est aussi apprendre à travailler avec les membres de votre équipe pour qu'eux aussi mettent l'épaule à la roue. Comme entrepreneur, vous avez toujours une tonne de bonnes idées pour faire progresser les choses. Mais est-ce toujours les bonnes choses à faire ? Au bon moment ? Avec les bonnes ressources ?

2. **Vous poser les bonnes questions**
   Vous n'êtes pas certain que vous êtes focus ? Ces questions peuvent vous aider à y voir plus clair :

   Dans quelle direction allez-vous ?

   Pourquoi y allez-vous ?

   Les étapes pour y arriver sont-elles claires et mesurables ?

Avez qui devez-vous travailler pour y arriver?

Vous verrez que ce temps d'arrêt clarifie souvent les choses et surtout, met la situation, votre idée ou votre projet en perspective.

3. **Apprendre à prioriser**

   Quel cauchemar que de devoir prioriser! J'imagine qu'à vos yeux tout est important. C'est malheureusement le réflexe d'une majorité de leaders en franchise. Or, ne pas prioriser cause le manque de focus. Cela dilue vos efforts et vous n'atteignez pas vos objectifs.

Devant ce problème universel, j'ai créé un ebook que vous pouvez vous procurer dans le lot boni disponible avec le code QR indiqué à la page 6. Vous verrez, prioriser adéquatement est plus facile que vous pensez.

Le cas YC*

Dans ce réseau, la phrase la plus populaire auprès de l'équipe des leaders était : "oui, je m'en occupe". Malgré cela, rien ne se passait au niveau des opérations, car tous ces membres étaient débordés à régler des problèmes devenus urgents parce qu'ils n'avaient pas été résolus au bon moment. La plupart d'entre eux étaient des problèmes qui appartenaient aux franchisés. Fait intéressant : dans l'esprit de l'équipe de direction, il fallait absolument compenser le fait que les franchisés ne s'occupaient pas adéquatement de leur franchise.

Résultat : l'équipe était épuisée et ne savait plus quoi faire. La seule solution privilégiée était d'embaucher plus de personnel. Bref, c'était le branle bas de combat permanent chez le franchiseur et et l'attentisme chez les franchisés.

Dès le début de l'exercice de création de la formule à succès, la variable Focus a été identifiée : LE gros problème était que les leaders ne savaient pas comment prioriser et déléguer adéquatement afin de ne pas prendre les responsabilités qui ne les regardaient pas. Le premier mois pendant lequel l'équipe a appliqué les principes de priorisation et de délégation, un vent de fraîcheur s'est répandu. Les franchisés se disaient plus satisfaits, les choses étant plus claires pour eux.

Mais c'est une histoire à suivre, car le naturel revient au galop !

*Pour des raisons de confidentialité, je ne peux pas donner le nom de ce franchiseur.

Le Focus ne s'applique pas qu'au quotidien. Il s'applique aussi à l'alignement stratégique. En effet, les franchiseurs pour qui le focus stratégique est très clair sont ceux qui réussissent le mieux. Je rencontre souvent des franchiseurs qui poursuivent trop de marchés ou trop d'objectifs à la fois et perdent le focus sur la création de valeur.

4. **Être SMARTER**
   La solution au manque de focus passe par une stratégie claire des objectifs et par un plan réaliste pour les atteindre.

Le système de leadership de croissance Franchisexcel© a été spécialement développé pour éviter cette situation. Le chapitre 8 décrit en détail comment être SMARTER.

Être SMARTER ne se résume pas qu'aux objectifs. Cela implique de rester connecté avec les franchisés afin de maximiser l'impact des décisions pour créer le maximum de valeur.

Souvenez-vous, le focus augmente votre performance de leader.

% Effort

L'effort en franchise fait non seulement référence à la culture d'excellence opérationnelle, mais aussi à l'importance de la constance. Le problème avec l'effort, c'est qu'il est difficile de le maintenir. Pour l'exercer avec constance, il est plus simple de le scinder. Certains types d'efforts sont plus faciles que d'autres.

Pour un leader de franchises, il y a quatre types d'efforts à privilégier :

1. **L'état d'esprit**
   À mon sens, l'état d'esprit (le mindset) de croissance doit être LA priorité qui vous habite et habite chacun de vos franchisés, car tous ont l'obligation de croître s'ils veulent continuer à prospérer. C'est à vous de le développer en vous appuyant sur vos meilleurs éléments pour montrer l'exemple. Cet état d'esprit n'est pas facile à inculquer à tous et nécessite un travail constant. Souvenez-vous

que tolérer l'absence de performance décourage les plus performants.

En ce sens, j'adhère au principe de "l'élagage bienveillant" auprès des franchisés non performants (ceux qui n'ont pas le mindset de croissance). J'entends ici que la dernière option que devrait prendre un franchiseur afin de demander à un franchisé de quitter le réseau devrait être l'option légale. À mon sens et selon mon expérience, il est possible de trouver des solutions intéressantes pour les deux parties dans 90 % des cas. Cela nécessite du courage et de la créativité de la part des leaders du réseau.

Reportez-vous au texte : Complaisance chez les franchisés : un cancer silencieux à éradiquer pour stimuler votre croissance que vous trouverez dans le lot boni disponible avec le code QR à la page 6.

2. **Le développement des compétences**
   Dans le monde VICA dans lequel nous vivons, développer constamment ses compétences est une priorité. Comme franchiseur, vous devez investir temps et ressources pour favoriser le développement de vos compétences ainsi que celles de vos franchisés. Ces efforts doivent être axés sur le développement des compétences opérationnelles, le savoir-faire et le savoir-être (ou le développement de la capacité d'être un leader performant). Il existe une multitude de manières de le faire. Mais une chose est certaine : ce doit être un processus régulier et organisé. Prétendre que vous formez vos franchisés une fois par année lors de la convention annuelle est une illusion.

N'oubliez pas que cet investissement favorise aussi votre croissance.

Voici une liste des compétences qu'un franchiseur devrait développer.

Compétences opérationnelles

Tous les éléments propres à votre système d'exploitation, de marketing, de gestion et de ressources humaines, technologie, etc.

Toutes les meilleures pratiques afin de maîtriser les compétences

- Le développement du leadership du franchisé
- Le self leadership : mener par l'exemple
- La gestion des priorités
- La communication mobilisante
- Une délégation efficace
- Les conversations difficiles
- Bâtir une équipe
- Réussir en équipe
- Agir comme leader dans ma communauté et faire rayonner ma franchise
- Et plusieurs autres comme vous pouvez vous en douter.

3. **Développer la confiance (voir chapitre 4)**
   Vous le savez maintenant, la confiance joue un rôle majeur tant pour votre croissance que pour votre profitabilité. Voyez cet effort comme un exercice qui consiste à mieux

communiquer pour mieux vous faire comprendre de votre réseau, mais aussi mieux comprendre la réalité de vos franchisés. Vous arrêterez ainsi de perdre du temps en argumentant sans fin, d'être constamment sur la défensive pour vous justifier auprès de vos franchisés et vous serez beaucoup plus à l'aise pour travailler avec eux pour trouver de vraies solutions et régler les problèmes.

4. **Le développement de la connexion (voir chapitre 4)**
   C'est probablement l'effort qui vous apparaît le moins payant. Faire des efforts de connexion nécessite peu d'argent, mais beaucoup de temps. La recette : être proactif et créer des occasions pour connecter avec vos franchisés.

À vos yeux, la composante % effort de la formule est probablement la plus exigeante. Et vous avez raison, car elle fait appel à l'importance de l'être humain dans votre succès comme franchiseur. Nul besoin d'insister ici sur cette notion dans votre formule du succès.

Comme leader, retenez cette citation :

"Il y a plus de courage que de talent dans la réussite."

— F. Leclerc

Réflexions du coach

Avec la formule de votre succès, c'est vous qui mettez la barre où vous voulez.

Gardez en tête que c'est votre volonté combinée à celle de votre équipe et de vos franchisés qui la propulsera.

Définir votre formule à succès est un exercice qui nécessite que vous preniez du recul. Souvenez-vous :

"Les meilleures choses qui arrivent dans le monde du travail ne sont pas le résultat d'un seul homme. C'est le travail de toute une équipe."

– Steve Jobs

Si vous avez envie de créer votre formule à succès, consultez le lot boni que vous pouvez recevoir en utilisant le code QR à la page 6.

Chapitre 7

Développer une stratégie transformative

"L'espoir n'est pas une stratégie. La chance n'est pas un paramètre.
La peur n'est pas une option"

— J. Cameron

La croissance n'arrive pas toute seule, et sans votre leadership vous ne pourrez créer toute la richesse qu'offre le potentiel de votre franchise.

Pour y arriver, la recette à succès est l'élaboration d'une stratégie appuyée par un plan solide et bien pensé. Normalement, une stratégie s'élabore sur un horizon de trois ans et propose les transformations nécessaires afin de maintenir ou développer les performances recherchées.

Vous êtes sceptique ? Voyons les principales conséquences de ne pas avoir de stratégie.

Manque de direction : sans plan stratégique, vous naviguez sans boussole, risquant de disperser vos efforts et de perdre de vue vos objectifs à long terme.

Gestion du changement : l'absence de stratégie vous rend vulnérable aux turbulences du marché, limitant votre capacité à s'adapter rapidement aux évolutions et aux occasions d'affaires.

Cohésion des franchisés : sans un objectif clair, votre réseau risque de manquer d'unité et de motivation, des éléments essentiels pour une croissance harmonieuse et soutenue.

Prise de décision risquée : faute de planification, vos décisions peuvent devenir impulsives et hasardeuses, augmentant significativement les risques d'échec.

Inefficacité opérationnelle : sans une stratégie bien définie, vos ressources pourraient être mal exploitées, entraînant inefficacité et coûts superflus.

Problèmes de croissance : un réseau sans plan stratégique peine à se développer de manière structurée, freinant votre expansion et votre réussite.

Réputation et image de marque : la confusion stratégique peut éroder votre image de marque, essentielle pour attirer franchisés et clients.

Concurrence : ne pas anticiper les mouvements de vos concurrents par une stratégie proactive vous place en position de faiblesse face à eux.

Ne prenez pas le risque d'être un franchiseur sans plan stratégique. Vous seriez comme un navire sans gouvernail, à la merci des vagues du marché et des vents de la concurrence.

Horizon trois ans

Nous recommandons de réaliser un plan stratégique aux trois ans. La raison est simple : V.I.C.A.

La méthode peut vous paraître simple, mais elle exige de la discipline et un travail d'équipe. Voyez votre stratégie comme le moteur de votre réseau.

Voyons de quoi il en retourne :

Étape 1 : rassembler les informations clés tirées de votre bilan réalisé avec Franchise Performance 360©. Ce bilan devrait être réalisé en équipe.

Afin de rendre votre planification plus performante, **je vous recommande de réaliser une étude confidentielle de satisfaction de vos franchisés au courant de l'année. Le projet peut prendre trois ou quatre mois à accomplir. Avec les résultats, vous pourrez ainsi mieux répondre aux enjeux de vos franchisés et pas seulement aux vôtres lors de la planification stratégique.**

Étape 2 : rassembler les conclusions de votre travail en les filtrant avec les trois dimensions (Foi, Focus, Effort) de la formule à succès de votre franchise (voir chapitre 6). L'idée ici est de mieux identifier les objectifs stratégiques qui ont de l'impact sur votre leadership de croissance.

> **Note** : il peut être pertinent d'inclure les résultats d'études de marché, un nouveau plan de développement géographique, des études de projection économique, de tendances ou de concurrence directe ou indirecte afin d'éviter de prendre des décisions à l'aveugle.

Conseil du coach : n'allez surtout pas vous servir des résultats des études pour excuser votre manque d'ambition de croissance. Ce serait une erreur. En effet, si vous ou vos franchisés n'avez pas de croissance, vous détruisez votre valeur. Toutefois, servez-vous des résultats des études pour trouver des idées qui participeront à l'accélération de votre croissance.

Étape 3 : visualiser votre entreprise dans trois ans et définir les objectifs stratégiques à atteindre.

La manière la plus simple est de raisonner par secteurs d'affaires qui ont une responsabilité budgétaire.

La question : quel devrait être l'état de votre réseau dans trois ans ?

Imaginons un franchiseur émergent sur le marché du sport aquatique pour illustrer la Formule à succès.

Quelle est notre formule à succès ?

Foi : Tout le réseau partage la vision, notre mission et nos valeurs

Nos franchisés sont des mordus du sport que nous proposons, ils le pratiquent avec ferveur et sont de vrais ambassadeurs.

Nous créons une communauté mondiale de fans de notre nouveau sport.

Nos rituels pour créer la culture que nous désirons sont pratiqués par tous les franchisés.

Focus : toutes nos ressources sont utilisées afin de maximiser la création de valeur de notre franchise

Nous voulons être la marque de référence dans les résidences de vacances haut de gamme offrant des activités aquatiques aux USA, Mexique, les Antilles et l'Amérique du Sud.

Nous nous assurons que nos franchisés soient compétents comme des experts et qu'ils offrent une qualité d'expérience hautement personnalisée.

Nous travaillons en étroite collaboration avec notre manufacturier pour constamment améliorer la technologie que nous utilisons.

Effort : nos efforts sont dirigés sur nos priorités stratégiques

70 % du temps du PDG est consacré à la croissance.

Nous développons des programmes marketing qui génèrent du trafic de clients potentiels vers nos centres franchisés.

Nous investissons tous nos profits pour la croissance.

Les rubriques suivantes sont classiques et ne nécessitent pas d'illustration.

Général

Quel est votre positionnement sur le marché ? Qu'est-ce qui vous différencie ?

Quelles seront les ventes du réseau ?

Combien de franchises seront en activité ?

Qui sera membre de l'équipe du franchiseur ?

Quels profits devrions-nous avoir ? Quels devraient être les profits pondérés des franchisés après trois ans d'opération ?

Secteurs d'affaires

Développement : Quels marchés seront couverts ?

Immobilier/construction : Quel sera l'état de notre pipeline immobilier ?

Exploitation : Quelle serait la meilleure description de notre culture opérationnelle ?

Approvisionnement : Quelle est la meilleure description de notre système d'approvisionnement ?

Technologie : Quel sera l'état de notre système technologique ?

Marketing : Quelle sera l'appréciation de notre marque par la clientèle ?

Ressources humaines : Quel sera l'état de nos ressources humaines (franchiseur et franchisés)

etc.

Note : cette liste n'est pas exhaustive et doit être adaptée à votre réseau.

L'idée ici est de voir assez large et de ne pas tomber dans les détails opérationnels.

Chaque objectif à long terme doit être pris en charge par un responsable clairement identifié et en mesure d'agir.

N.B. : La fameuse affirmation : " c'est la responsabilité de tout le monde " ne prend pas avec moi.

Attention : à cette étape, il faut vraiment distinguer les objectifs stratégiques (que souhaitez-vous réaliser à long terme) des objectifs tactiques (Quoi et comment allons-nous y parvenir dans l'année qui suit).

Chaque question ne devrait pas compter plus de trois objectifs stratégiques.

Une fois cette étape faite, vous pouvez de passer à l'étape SMARTER (voir chapitre 8).

Pourquoi la plupart des stratégies ne fonctionnent-elles pas ?

"Quand on ne sait pas où on va, tous les chemins ne mènent nulle part"

– H. Kissinger

La plupart des stratégies échouent en raison de plusieurs raisons communes. Voici quelques-uns des principaux facteurs :

1. **Données et analyses insuffisantes :** développer une stratégie sans une compréhension approfondie du marché, de la concurrence et des capacités internes de votre organisation peut conduire à des plans irréalistes ou inefficaces. Avec Franchise Performance 360© (voir chapitre 5) vous avez en main un outil extrêmement efficace pour bien vous situer.

2. **Complexité excessive :** des stratégies trop complexes peuvent être difficiles à comprendre et à mettre en œuvre. En franchise, la simplicité et la clarté sont essentielles pour que toutes les personnes impliquées puissent facilement suivre et exécuter le plan. L'exercice qui consiste à déterminer votre formule à succès (voir chapitre 6) est la pierre angulaire de cette dimension.

3. **Manque de leadership et de responsabilité :** les stratégies réussies nécessitent un leadership fort et une responsabilité claire. Sans leaders capables de faire avancer la stratégie et sans individus responsables de tâches spécifiques, les efforts peuvent devenir improductifs. C'est souvent ce facteur qui pêche chez mes clients. Et pourtant, c'est là que l'exécution prend forme. Trop souvent, le franchiseur n'a pas les bonnes ressources pour que tout se passe comme il le veut.

Le cas de PP (*) : le réseau géré au siège social

L'exemple suivant met en lumière une situation que je constate régulièrement chez les franchiseurs : celle de sous-estimer le besoin de ressources pour pouvoir mettre en œuvre la stratégie.

PP est un franchiseur émergent dans le secteur du service à domicile. Il a eu une croissance intéressante les deux premières années du lancement de son programme de franchise. Les dirigeants sont aussi bien occupés par deux autres entreprises du même groupe. Le plan est à l'origine centré sur le recrutement de nouveaux franchisés et la formation technique de départ. Pour le reste, c'est du "appelez-moi s'il y a quelque chose" et de la gestion de publicité et de l'approvisionnement. Dès la deuxième année, les dirigeants constatent que les performances des franchisés sont déficientes. Ce qui devait arriver arrive : 30 % du réseau disparaît la troisième année, un franchisé ayant même fait de la fraude. Il faut donc recommencer et en venir à la conclusion que, sans une personne dédiée à temps plein au succès du réseau, les efforts sont vains.

Cet exemple démontre ainsi que du temps et de l'argent se perdent par un manque de vision du facteur de succès numéro 1 d'une stratégie : l'exécution.

*Nom fictif dû à la concurrence.

4. **Ignorer le facteur humain** : les stratégies se concentrent souvent sur les processus et les résultats, mais négligent l'élément humain. Motiver, engager et former l'équipe du franchiseur et les franchisés est crucial pour la mise en œuvre réussie de la stratégie.

Vu mon passé de PDG et après avoir travaillé comme coach exécutif avec plus de 100 réseaux en 15 ans, je constate que ce facteur est le plus mal évalué de la part des franchiseurs. Une des leçons que j'ai tirée de mon expérience est que le silence des franchisés face aux changements que propose la stratégie ne veut pas dire qu'ils l'acceptent.

À mon sens, le franchiseur a une très grande responsabilité dans l'engagement du franchisé envers la stratégie. Il doit être convaincant, mais aussi savoir démontrer les bienfaits des changements. De plus, il doit savoir écouter les doléances des franchisés, car elles sont souvent justifiées. Bien entendu, je ne parle pas ici des franchisés complaisants ou peu performants, mais des leaders du réseau. En général, ils ont des solutions pour réaliser les changements qui méritent d'être promus par le franchiseur.

La même chose s'applique chez l'équipe du franchiseur. Combien de fois ai-je entendu de la part du personnel des phrases du genre : " que veux-tu, je ne sais pas trop pourquoi c'est comme ça, mais je n'y peux rien ". Imaginez la réaction du franchisé qui doit mettre tout en œuvre.

Note : une question s'impose dans l'exercice de planification stratégique. Devez-vous impliquer des franchisés avec vous ? À mon sens, oui. Il faut trouver le moyen de le faire, par exemple en les impliquant dans l'exercice de réflexion suivant la publication des résultats de l'enquête de satisfaction. Le mieux est de créer un comité réduit afin de travailler sur certains objectifs qui feront partie de la stratégie.

Vous pouvez aussi créer un comité aviseur des franchisés. Il traitera de certains enjeux stratégiques et visera à obtenir l'opinion et les commentaires des franchisés. Ils ont souvent des pistes de solutions réalistes. Impliquer certains franchisés dans la planification stratégique vous permettra d'augmenter l'adhésion de tous les franchisés, car ceux-ci auront été représentés et leurs idées et suggestions émises auprès du franchiseur.

5. **Attentes irréalistes** : fixer des objectifs trop ambitieux ou des délais trop serrés peut conduire à l'échec. Il est important d'avoir des attentes réalistes et de laisser suffisamment de temps à l'atteinte de la stratégie.

Je vous donne ici un exemple personnel qui m'a servi de leçon.

J'avais accepté le poste de président (c'était ma première présidence) d'une entreprise spécialisée en sécurité électronique dans les secteurs résidentiel, commercial et institutionnel. Mon mandat initial était de doubler le chiffre d'affaires en trois ans. Par manque d'expérience et par anxiété de performance, je me suis lancé tête baissée dans l'élaboration d'un plan sans faire un bilan adéquat (à l'époque, Franchise Performance 360© n'existait pas ; -)) ni impliquer l'équipe en place que je ne connaissais pas bien.

Je me suis fié à mon instinct et à ce que je voyais. Or, le plan n'a pas fonctionné du tout. Au lieu de réaliser une croissance, j'ai été obligé de stopper net tout le plan. En effet, après quelques mois, il a fallu me rendre à l'évidence : la compagnie était en très mauvaise posture. L'équipe de direction n'y croyait pas et n'avait pas les compétences nécessaires. Le système d'exploitation, les finances, et l'état général du réseau n'étaient pas non plus adéquats. En fait, la compagnie n'avait aucunement la capacité d'exécuter le plan. Bref, c'était un vrai désastre, et ce, par ma faute. Résultat : j'ai tenté de redresser la situation pendant deux ans, mais le conseil d'administration a jugé que je n'étais plus l'homme de la situation et m'a remercié.

La leçon que je retiens de cette expérience marquante est que, sans travailler sur l'aspect humain, vous n'atteindrez jamais vos objectifs. Une bonne exécution peut compenser une mauvaise stratégie mais pas le contraire.

Avec tous mes clients, je m'attarde longuement sur le facteur humain lors de la planification stratégique. Vous devez vous poser des questions telles que :

- Avons-nous la bonne équipe ?
- Est-ce que chacun des membres (équipe de gestion et franchisés) est à la bonne place, partage nos valeurs, possède les compétences et les aptitudes ? Chacun démontre-t-il la volonté de réussir nécessaire ?

Presque à chaque fois, il faut réviser les objectifs afin de se donner les moyens de pouvoir exécuter la stratégie.

Ma devise : Less is more (moins, c'est plus).

À propos des fameux ICP

Les indicateurs clés de performance (ICP) découlent de l'élaboration des objectifs stratégiques (voir chapitre 8). Établir des ICP peut être très utile. En dressant un tableau de bord, ils peuvent vous permettre de prendre des décisions éclairées face aux résultats obtenus. Toutefois, comme PDG d'un réseau, il y a lieu de raisonner votre tableau de bord de manière stratégique et de résister aux ICP traditionnels trop souvent mis en place et pas vraiment mesurés ou suivis comme il se doit.

Je m'explique :

Comme leader du réseau, les ICP que vous suivez doivent refléter la stratégie que vous voulez. Cette stratégie a pris forme dans l'élaboration de votre formule à succès. Selon moi, votre tableau de bord devrait se résumer à cinq éléments et répondre aux questions suivantes :

- Notre croissance est-elle conforme à nos objectifs ?
- La foi au sein de notre réseau est-elle au niveau que nous souhaitons ?
- Sommes-nous (et nos franchisés) 100 % focus sur l'exécution de notre stratégie ?
- Est-ce que l'effort de tous y est ?
- Les performances financières du réseau (et les nôtres) correspondent-elles à nos objectifs ?

En vous posant ces questions au lieu de prendre des mesures désincarnées, vous aurez une bien meilleure idée de l'avancement de votre stratégie.

Lorsque je fais l'exercice du tableau de bord avec mes clients, nous développons la matrice et pondérons chacun des ICP par secteur afin de créer pour le PDG un tableau de synthèse qui répond aux questions. Tout comme nous le faisons avec **Franchise Performance 360©**.

Réflexions du coach

Il faut voir la stratégie comme un outil de mobilisation de toutes les forces de votre réseau à l'atteinte des objectifs.

Distinguez clairement le plan stratégique, qui est une feuille de route pour l'avenir, du budget. Ce sera plus facile de ne pas perdre de vue vos objectifs stratégiques.

Prenez le temps de mobiliser tout le monde.

Les meilleures stratégies tiennent sur une page et sont facilement compréhensibles par tous.

Vous voulez en savoir plus et trouver des solutions ? Consultez le lot boni que vous pouvez recevoir en utilisant le code QR à la page 6.

Chapitre 8

Soyez plus astucieux avec SMARTER

J'utilise l'expression SMARTER pour illustrer non seulement la manière d'établir des objectifs, mais aussi pour signifier que c'est un exercice qui exige beaucoup de Smartness (d'intelligence) de votre part et de celle de votre équipe de direction. Vous devrez prendre des risques, faire des choix, dire non, reporter. Créer un plan d'action est un exercice qui demande beaucoup de jugement de votre part.

Il existe trois zones de smartness qui, je crois, font le succès d'un plan d'action.

- Les objectifs
- La pertinence du plan
- Le budget

SMARTER - Les Objectifs

SMARTER est une approche améliorée de la définition d'objectifs. Elle permet d'avoir des objectifs clairs et réalisables, mais aussi motivants et gratifiants. La signification /de SMARTER est la suivante :

Spécifique
Mesurable
Atteignable
Réaliste
Temporel
Évaluer
Réajuster

Le document Définition d'objectifs SMARTER disponible dans le lot boni vous explique en détail chacune de ces notions.

La différence d'avec la méthode SMART classique vient des deux derniers points : évaluer et réajuster. Ces deux derniers facteurs font une énorme différence dans l'adhésion au plan et l'agilité nécessaire pour faire face aux aléas rencontrés.

Fixer les objectifs est un exercice difficile et frustrant toutefois, une fois établi votre plan d'action prendra tout son sens et vous pourrez plus facilement garder le focus.

ATTENTION :
Les objectifs ne sont pas une liste d'épicerie ni de simples tâches à accomplir, mais plutôt des lignes directrices qui priorisent les choix, les ressources et les actions.

SMARTER - Le plan d'action pertinent

Un plan d'action efficace dans un réseau de franchises est celui qui établit un équilibre entre la cohérence de la marque et les besoins individuels des franchisés, tout en favorisant la croissance et le succès de l'ensemble du réseau. C'est un exercice qui regarde tous les secteurs et chacun devrait en posséder un.

Voici quelques questions que vous devez vous poser pour vous aider à optimiser votre plan d'action.

- Les objectifs sont-ils en phase avec les objectifs stratégiques du réseau ?
- Le plan est-il rédigé pour que tout le monde (y compris les franchisés) le comprenne et voie ce qu'il a à faire ?
- Avez-vous identifié et pris les moyens pour répondre aux besoins de formation ou de soutien nécessaire à l'atteinte des objectifs du plan ?
- La standardisation a-t-elle été prise en compte ? Les moyens et les ressources pour y arriver ont-ils été identifiés ?
- Avez-vous identifié comment mesurer le progrès et les performances de vos initiatives à l'aide de métriques claires et de points de contrôle ?
- Les responsables des performances (généralement, les coachs de succès, les superviseurs, les conseillers aux franchises) et les franchisés sont-ils en mesure d'atteindre les objectifs leur appartenant ?
- Avez-vous prévu toutes les ressources matérielles et marketing (ou autres) afin de faciliter l'exécution du plan ?

- Le plan prévoit-il un mécanisme de rétroaction auprès des franchisés ?
- Avez-vous identifié les éventuels obstacles et élaboré les stratégies pour atténuer l'effet de ceux-ci ?

Soyons clairs :
Pour vos franchisés, c'est le plan d'action qui compte, car ils n'ont pas beaucoup de contrôle sur la stratégie. Ils peuvent toutefois obtenir des résultats probants s'ils ont la foi et le focus et qu'ils font les efforts pour réussir le plan d'action puisqu'ils peuvent contrôler une grande partie de ces éléments.

Note : Le document Le plan de réussite de ma franchise disponible dans le lot boni vous permettra d'aider vos franchisés à s'aligner avec votre plan d'action.

SMARTER - Le budget

Je suis toujours surpris de constater le nombre de franchiseurs qui n'ont pas de budget et qui gèrent leur entreprise en utilisant que leur compte en banque comme outils d'information.

Pourtant, ne pas avoir de budget a de nombreuses conséquences :

Manque de contrôle financier : pas de surveillance ni de contrôle sur les dépenses et les investissements.

Difficultés de planification : des activités futures, de l'expansion, du recrutement de franchisés, des améliorations au système.

Risque d'insolvabilité : risque de rencontrer des problèmes de trésorerie, ce qui peut conduire à des difficultés financières voire à l'insolvabilité.

Perte de confiance des franchisés : les franchisés s'attendent à ce que le franchiseur gère le réseau de manière professionnelle et responsable.

Manque d'investissement dans le réseau : incapacité d'investir dans des domaines cruciaux tels que la R&D, la formation et le support aux franchisés.

Incapacité à réagir aux changements du marché : pas de réserve pour des situations imprévues ou pour saisir des occasions de marché.

Problèmes avec les investisseurs et les prêteurs : les investisseurs et les prêteurs peuvent être réticents à s'engager avec un réseau de franchises sans gestion financière solide et transparente.

Difficultés de mesure des performances : sans budget, il est difficile de mesurer la réussite ou l'échec des stratégies et des initiatives.

Le budget est l'outil de travail du leader en franchise. Il sert de prévisionnel, mais permet aussi d'établir la saine gestion et la délégation des responsabilités. C'est un investissement payant à faire.

Bien entendu, un budget qu'on ne met pas en œuvre avec rigueur ne vaut rien. Mes clients me disent souvent qu'en faisant un budget, ils ont l'impression qu'ils ne pourront pas être opportunistes sur le marché. Pourtant, c'est plutôt le contraire Un budget permet d'évaluer plus facilement la réelle capacité de saisir les occasions qui se présentent et diminuer le risque de dérapage.

Un autre point complètement sous-évalué est celui de l'importance d'assister vos franchisés à l'élaboration de leur budget afin d'être en mesure de prendre les meilleures décisions dans le plan d'action. Cet exercice annuel devrait être piloté par les coachs de succès (superviseur, conseiller aux franchises).

Réflexions du coach

Est-ce vraiment nécessaire, me direz-vous ?

J'entends vos réflexions :

"Je n'ai pas le temps."
"C'est inutile, cela n'aura aucun effet sur mon réseau."
"C'est compliqué, mon équipe n'est pas assez compétente."
"C'est coûteux."
"Pourquoi un plan quand tout va bien ?"
"La planification n'est pas mon fort."
"On ne peut prédire l'avenir, alors pourquoi tenter de le planifier ?"
"Étant donné la situation actuelle, nous devons nous concentrer sur le court terme."
"Je veux garder toute la flexibilité."

Demandez-vous :

Si je vous proposais d'embarquer sur un voilier et de traverser l'océan Atlantique avec une boussole comme seul outil de navigation sans savoir si vous étiez bien équipé pour réussir la traversée, sauteriez-vous dans le bateau ?

Pensez en leader de croissance. Imaginez la satisfaction de vos franchisés lorsque vous leur présenterez un plan d'action bien étoffé et cohérent. Ne pensez-vous pas que l'adhésion à vos objectifs serait plus simple, moins coûteuse et surtout plus harmonieuse ?

Chapitre 9

Au-delà du plan, il y a les gens

Vous le savez bien, votre succès dépend de celui des franchisés. Cette interdépendance fait toute la beauté et tout le défi de la franchise. Il ne sert à rien de faire tout cet exercice si ce n'est que pour seulement le présenter à l'équipe de gestion ou aux actionnaires. Il faut engager les franchisés dans votre nouvelle aventure.

Les franchiseurs sont trop souvent de mauvais vendeurs de leurs initiatives.

Je m'explique, la plupart de mes clients négligent de vendre adéquatement leurs idées, les innovations ou la nouvelle stratégie. Ils tiennent en effet pour acquis que leurs franchisés sont des " clients captifs ". Or, cela est faux.

Vos franchisés sont comme les cylindres d'un moteur : si un ou plusieurs ne fonctionnent pas adéquatement, vos performances en souffrent. C'est pourquoi je milite fortement pour l'importance de gérer le changement de manière humaine, mais décidée en obtenant l'adhésion de tous.

Vous devez aller au-delà du point de basculement pour maximiser les résultats de votre stratégie, et cela commence bien avant le jour 1.

Créer une vague de croissance nécessite un effort important de votre part. Celui-ci doit être fait au bon moment, avec discipline et surtout conviction.

Souvenez-vous que vous ne vous rendrez pas au championnat avec un seul match dans la saison.

Trois principes doivent guider vos interventions pour engager les franchisés

1. **Les changements créent le chaos avant d'être maîtrisés:** En franchise, tout plan stratégique implique des changements qui touchent les franchisés, que ce soient des nouveautés, des investissements ou des abandons à faire. En reconnaissant que, pour plusieurs de vos franchisés, les changements seront un vrai défi, vous prendrez les bons moyens pour faciliter les transitions.

   Ne sous-estimez jamais les non-dits chez vos partenaires franchisés. Ces derniers sont souvent sceptiques face aux changements et ne disent pas ce qu'ils en pensent. Mais un silence ne veut pas dire oui. Forcer la note ne fera que les braquer encore plus.

   Une écoute active : Soyez à l'écoute des préoccupations de vos franchisés sans chercher à vous défendre. Travaillez plutôt avec eux pour trouver des solutions et les convaincre que ces changements sont pour le mieux. N'oubliez pas que le changement est un stress supplémentaire pour eux.

Simplifier encore et toujours : Aidez les franchisés à ordonner les changements au sein de leur franchise. Faites tout ce qui est en votre pouvoir pour simplifier au maximum les étapes des changements et les implanter le plus facilement possible.

2. **Permettez aux franchisés de s'approprier le changement en atteignant leurs propres objectifs au sein de la stratégie**
Pour plusieurs franchisés, votre plan stratégique ne sera pas concret. J'ai souvent entendu dire : "Ce sont de bien beaux mots et de belles idées, mais qu'est-ce que cela m'apporte? Combien ça va me coûter?"

Dans votre planification, il y aurait lieu de tenir des sessions de travail avec vos franchisés et de créer avec eux un plan de réussite en maximisant les effets de votre stratégie.

Un des meilleurs moyens est de les aider à créer leur propre plan de réussite en tenant compte des objectifs du plan d'action.

Consultez le plan de succès de ma franchise dans le lot boni afin de les supporter à mieux intégrer leur réalité au sein de votre stratégie.

Ce travail commun leur permettra de concrétiser les objectifs du plan que vous proposez.

3. **Prenez vos responsabilités**

   Si j'étais votre coach, vous ne pourriez jamais me dire que c'est la faute des franchisés si votre plan ne fonctionne pas. En tant que leader, vous devez accepter d'être complètement responsable de vos résultats. Il y va de votre intégrité.

   Organisez vos priorités autour de votre plan stratégique et utilisez la formule de votre succès pour mieux visualiser votre réussite. Investissez du temps sur le terrain avec vos franchisés afin de constater les effets du plan. Bien qu'il faille rester flexible dans l'application de celui-ci, c'est à vous de prendre les moyens pour que vos franchisés réussissent.

   Si vos résultats ne sont pas ceux auxquels vous vous attendiez, n'hésitez pas à travailler avec vos franchisés pour trouver des solutions. Ce sont eux qui ont votre succès en main, encore plus que vous ne le pensez.

   Déployez votre plan stratégique en mettant en œuvre ces trois actions clés afin d'engager vos franchisés :

   a. **Naviguez dans le chaos des changements**
      - Reconnaître la peur : les changements peuvent être intimidants pour vos franchisés. Anticipez leurs réactions et préparez-vous à les accompagner.
      - Écoute active : ouvrez un dialogue sincère. Ne vous contentez pas d'imposer, mais écoutez et collaborez avec vos franchisés pour surmonter les obstacles ensemble.

- Simplification : facilitez l'adoption des changements en les rendant aussi simples que possible. Offrez de nouvelles formations et proposez des étapes faciles à suivre pour intégrer les nouvelles pratiques.

b. **Impliquez les franchisés dans la stratégie**
- Rendre le plan concret : organisez des ateliers pour transformer votre stratégie en plans d'action personnalisés pour chaque franchisé.
- Planification collaborative : travaillez main dans la main avec les franchisés pour qu'ils puissent voir comment votre stratégie se traduit en succès pour leur entreprise.

c. **Assumez votre rôle de leader responsable**
- Pas d'excuses : en tant que leader, vous êtes pleinement responsable des résultats. Adoptez une approche proactive et évitez de blâmer les franchisés.
- Priorité au terrain : investissez du temps auprès de vos franchisés. Observez l'impact de votre stratégie sur le terrain et restez flexible pour l'adapter si nécessaire.
- Trouvez des solutions ensemble : si les résultats ne sont pas à la hauteur de vos attentes, collaborez avec vos franchisés pour identifier et résoudre les problèmes. Rappelez-vous que leur succès contribue directement au vôtre.

En suivant ces étapes, vous positionnerez votre réseau de franchises pour obtenir un succès partagé et durable qui s'appuie sur une relation de confiance et de collaboration.

Mettre votre plan d'impact stratégique en marche

Vous souhaitez établir des changements afin de créer ou recréer le réseau que vous voulez avec des franchisés engagés et prêts à tout pour réaliser le plein potentiel de leur entreprise. Voici comment vous y prendre.

1. **Élaborez un plan de déploiement solide**

   Lancer votre nouveau plan d'impact stratégique et affirmer votre leadership au sein de votre réseau nécessite un effort important de votre part. Je vois souvent des initiatives non coordonnées de part et d'autre et, franchement, ce sont des coups d'épée dans l'eau.

   En élaborant un plan de déploiement, vous y arriverez plus facilement. Votre déploiement devrait capitaliser sur l'influence de vos leaders au sein de votre entreprise.

LES 5 ÉTAPES DE COMMUNICATION DU PLAN STRATÉGIQUE

ÉQUIPE DIRECTION ACTIONNAIRES

1 2 3 4 5

ÉQUIPE FRANCHISEUR

FRANCHISÉS ÉMÉRITES

FRANCHISÉS RÉSEAU

ÉCOSYSTÈME DU RÉSEAU

Cercle 1 : Équipe de direction, actionnaires
Cercle 2 : Équipes de support et d'exploitation du réseau
Cercle 3 : Franchisés émérites
Cercle 4 : Réseau des franchisés
Cercle 5 : Écosystème de votre réseau (fournisseurs, acteurs stratégiques)

Votre priorité : obtenir la pleine adhésion des membres de votre équipe de leadership et de vos franchisés émérites.

2. **Lancez votre nouvelle initiative avec force**
   Cet effort doit être initié de manière spectaculaire (j'insiste sur le mot spectaculaire, car les franchiseurs commettent souvent l'erreur de ne pas démontrer avec force non

seulement les résultats attendus, mais aussi les bénéfices des plans proposés aux franchisés).

Souvenez-vous que l'esprit de corps se développe par les expériences vécues ensemble et par les résultats des efforts consentis. Bien entendu, cet effort doit continuer d'être soutenu de manière régulière par l'ensemble des membres de l'équipe ainsi que par des activités de renforcement.

Une fois les cercles 1, 2 et 3 mis au courant, nous vous suggérons d'organiser un événement-conférence.

Le but : mettre tout le monde sur la même longueur d'onde. En vous engageant publiquement, vous motiverez les troupes !

Profitez de cet événement pour inspirer le changement. Inviter un conférencier peut être pertinent pour faire un bon travail de préparation et d'ouverture d'esprit.

Vous pouvez aussi animer lors de votre événement une activité de remue-méninges. Vous en profiterez pour demander aux participants (en petit groupe de 8 à 12) de répondre à la question : comment allez-vous vous y prendre pour réaliser tel ou tel objectif (préférez les objectifs non financiers afin de libérer le plus de créativité possible) ? De cette manière, vous favoriserez l'appropriation de vos objectifs par les franchisés.

3. **Faites des suivis trimestriels et annuels**
   Maintenez le cap et faites des rapports sur l'avancement de votre plan à toute votre organisation. Vous serez surpris de l'effet sur la composante Effort de la formule du succès. Que les résultats soient bons ou mauvais, en restant transparent, vous gagnerez en crédibilité par votre intégrité. Votre leadership n'en sera que grandi.

   Aussi, à chaque fois qu'un objectif est atteint, communiquez la nouvelle à vos franchisés. Faites-le de préférence par l'envoi d'un message vidéo et non d'un message écrit. La vidéo transmettra mieux le message et les sentiments qui se rattachent au succès.

4. **Communiquez, encore et toujours !**
   On dit qu'il faut répéter un message sept fois avant qu'il soit vraiment compris. C'est encore plus vrai dans le contexte d'un plan stratégique.

   Créez un message simple qui résume bien le plan et assurez-vous que TOUT le monde le communique régulièrement. Votre vision, votre mission et vos valeurs se doivent d'être répétées et discutées aussi souvent que possible.

   Quant aux objectifs, cela dépendra si tous les membres de votre réseau y adhèrent et prennent les actions qui s'imposent à leur niveau pour les atteindre.

Et maintenant?

Vous êtes maintenant prêt à implanter votre plan et à devenir un leader en franchise qui a de l'impact au sein de son réseau. Ce que vous proposez est clair (ce qui sécurise tout le monde) et vous agissez afin de mettre en place les composantes de la formule à succès de votre franchise.

Le défi de la gestion du changement au sein d'un réseau de franchises

"Mieux vaut prendre le changement par la main avant qu'il ne vous prenne par la gorge."

– Winston Churchill

Le monde VICA oblige à faire des changements de plus en plus rapides et importants au sein des réseaux de franchises. À preuve, la révolution technologique, les changements de concepts pour faire face aux nouveaux besoins, l'évolution du modèle d'affaires...

Les franchisés semblent être le frein principal lorsqu'on souhaite innover. Mais en fait, le frein ne dépend pas tant d'eux que de vous.

Dans ce chapitre, nous avons parlé de la résistance au changement et des moyens pour la diminuer.

Je vous présente maintenant une méthode pour gérer les changements de manière efficace.

Une gestion déficiente des changements est un facteur important de :

- Création d'associations de franchisés
- Accélération du taux de roulement
- Création de comportements passifs-agressifs et d'un non-engagement de la part de franchisés qui adoptent le changement avec regret ou sous la pression du franchiseur.

Pourquoi le changement est-il si difficile au sein des réseaux de franchises ?

Les études démontrent que 70 % des changements ne donnent pas les résultats escomptés. Dans le contexte V.I.C.A. actuel, vous ne survivrez pas longtemps si vous n'apprenez pas à gérer le changement de manière efficace.

Plusieurs raisons mettent un frein aux objectifs visés :

1. **Les franchisés ne comprennent pas**
   Malgré vos efforts, vos franchisés ne comprennent pas bien votre stratégie ou le changement que vous voulez apporter. Dans ce cas, demandez-leur tout simplement : "Pouvez-vous m'expliquer ce que vous comprenez du changement que je propose ?" Vous serez stupéfait des réponses. En effet, lorsqu'un franchisé ne comprend pas, il a tendance à interpréter négativement les changements proposés. Si c'est le cas, revenez à votre formule du succès (Foi, Focus, Effort) et identifiez ce qui ne fonctionne pas avec eux. Un conseil : rester humble.

2. **Ils ne voient pas le bénéfice de changer**

   Les franchiseurs ont tendance à sous-estimer l'importance de montrer des preuves tangibles des bénéfices qu'apporteront les changements demandés. Les études de cas réelles avec des franchisés volontaires, les scénarios de rentabilité potentielle, les études de marché et autres démonstrations de résultats des initiatives proposées sont le meilleur moyen de couper court aux arguments et de permettre aux franchisés de voir les bénéfices à court et moyen terme.

3. **Ils sont dans l'incapacité de faire face au changement**

   C'est malheureusement une situation que je constate régulièrement. Il y a deux types d'incapacité :

   a. **Le manque de compétence**

      Cette situation mérite une attention particulière, car elle est un frein important. Souvent, les franchisés n'osent pas vous dire qu'ils ne savent pas comment intégrer les changements au sein de leur franchise. Une approche personnalisée d'évaluation et de formation est la meilleure solution.

   b. **Le manque de ressources financières**

      C'est un réel problème qui stoppe les changements et la croissance. Il faut distinguer un problème temporaire de trésorerie et un manque de rentabilité.

Dans ce dernier cas, la seule option est de mettre les efforts pour redresser la rentabilité afin que le franchisé puisse effectuer les changements en toute confiance. Si la situation s'avère impossible à redresser, vous devrez prendre les mesures qui s'imposent pour minimiser les dommages de part et d'autre. Faire durer le problème peut avoir de lourdes conséquences sur la marque.

Advenant que le changement implique un investissement important et que la trésorerie n'est pas en mesure de le supporter, vous devrez établir un programme de financement avec une banque. Dans certains cas, un financement temporaire peut-être la solution.

En bref, il ne faut jamais sous-estimer la résistance aux changements.

Selon J.P. Kotter, auteur du livre *Leading change*, un changement peut réussir si vous évitez les erreurs suivantes :

Erreur 1 : vous n'avez pas établi un sentiment d'urgence suffisant

L'être humain n'aime pas le changement. Il change seulement si cela est vraiment nécessaire. C'est la même chose avec les franchisés. Vous devez donc créer un sentiment d'urgence. Inutile de crier au feu s'il n'y a pas de feu, mais il est nécessaire de faire comprendre aux franchisés qu'un changement fait aujourd'hui évitera tel ou tel problème demain et après-demain.

Certaines études d'experts peuvent vous être d'une grande utilité pour favoriser cette urgence.

Erreur 2 : vous n'avez pas mis en place de coalition directrice assez puissante

Comme leader du réseau, vous devez absolument penser en coalition. Jouer Superman ne vous servira à rien. Vous allez vous épuiser.

1. Assurez-vous que l'ensemble de votre équipe est avec vous pour mettre en œuvre votre plan.
2. Fédérez les meilleurs éléments afin qu'ils vous soutiennent et vous servent de pilier de crédibilité pour faciliter l'engagement des autres franchisés. Un conseil : prenez le temps de le faire correctement, histoire de valider si tous les morceaux sont bien attachés.

Erreur 3 : la vision du futur n'est pas assez claire

Vous êtes trop dans la tactique et les détails.

En fait, vous manquez de vision et vous n'êtes pas capable d'aider les franchisés à se projeter dans le futur en adoptant les changements que vous proposez. Ceci augmente l'insécurité. Résultat : vos franchisés résistent encore plus.

Erreur 4 : vous ne communiquez pas assez votre vision

Le fondement de votre plan stratégique et des changements que vous voulez faire tient à votre vision. Or, il est trop facile d'oublier cette dernière. Stephen Covey, dans son livre *The seven habits of highly effective people*, affirmait : " begin with the end in mind ".

Appliquez cette maxime dans toutes vos communications. La vision devrait être de toutes les conversations, réunions, rencontres, etc.

N'hésitez pas à prendre tous les moyens pour la communiquer efficacement. Le message finira par passer, croyez-moi !

Erreur 5 : vous n'avez pas identifié les obstacles qui empêchent la nouvelle vision de se réaliser

Il faut être réaliste, une nouvelle vision, c'est un peu comme le titre du livre de M. Goldsmith *What got you here won't get you there* (Ce qui vous a amené ici ne vous amènera pas là). Si vous voulez changer les choses, il faut mettre en place les ressources pour le faire. Pour le franchiseur, cela peut être de nouveaux investissements, de nouvelles ressources, de nouvelles lignes d'affaires. Pour les franchisés, c'est un peu la même chose. En identifiant les obstacles qui nuisent à la réalisation des objectifs du plan et en prenant les moyens pour les franchir ou les minimiser, le changement sera plus aisé.

Erreur 6 : vous n'avez pas planifié ni créé de gains à court terme

Les gains à court terme sont très importants pour accélérer les changements, car ils sécurisent les franchisés et les motivent à continuer. Il est donc impératif que votre planification en tienne compte. Pour être réaliste, aux yeux d'un franchisé, les six premiers mois d'un nouveau plan stratégique donnent le ton, la première année concrétise la vitesse. L'année 2 voit poindre les bénéfices à long terme et l'année 3 combine l'ensemble des initiatives et sécurise les profits.

Pour le franchiseur, les vrais bénéfices sont palpables à moyen terme. Il faut qu'une masse critique ait implanté les changements proposés pour voir poindre les résultats. La persévérance est un atout important dans la gestion des changements.

Bien sûr, dans les cas de changement de concepts physiques, les obligations contractuelles peuvent ralentir l'implantation, mais ceci devrait être prévu dans le plan.

Erreur 7 : vous avez déclaré victoire trop tôt

Yogi Berra déclarait : "Ce n'est pas fini tant que ce n'est pas fini". C'est la même chose avec l'exécution de votre plan. Négliger de maintenir le tempo, sous-estimer l'énergie et les ressources pour se rendre à la fin du plan, assumer que les franchisés sont encore engagés, et j'en passe. Soyez vigilant.

Erreur 8 : vous n'avez pas ancré les changements dans la culture du réseau

C'est votre rôle de vérifier que les changements sont intégrés dans la culture du réseau. Pour ce faire, il vous faut mesurer les progrès et les résultats de manière systématique afin de maintenir le cap sur votre nouvelle vision. Ce sera l'objet du chapitre 10.

Conclusion

Dans le monde VICA de la franchise, la gestion efficace du changement est cruciale. Adopter une approche méthodique, impliquer et soutenir activement les franchisés, et mesurer systématiquement les progrès sont essentiels.

Réflexions du coach

Passer de la réflexion à l'action est un exercice demandant.

La première phase est un exercice de communication et non une campagne de publicité pour persuader. Ce processus implique de travailler avec les franchisés afin qu'ils se sentent capables de réaliser cette nouvelle stratégie grâce à ce nouveau plan d'action.

Ne négligez pas le travail d'intégration individuel, sinon votre exercice de groupe sera une perte de temps. Le plan d'action du franchisé est l'outil à privilégier pour aller chercher l'engagement des franchisés et surtout prendre du temps de qualité avec eux pour parler de l'avenir.

"La stratégie sans tactique est le chemin le plus lent vers la victoire. La tactique sans stratégie est le bruit qui précède la défaite".

— Sun Tzu

Chapitre 10

Sans rétroaction, le plan stratégique est inutile

Le succès d'un plan stratégique tient à son exécution. De plus, si vous ne prévoyez pas de rétroaction de la part des franchisés, vous vous dirigerez à l'aveugle. Bâtir un système de rétroaction performant, ni trop lourd, ni trop léger vous prendra du temps et nécessitera une bonne dose de technologie et de collaboration.

Voici comment élaborer ce système.

Structurez votre plan de rétroaction à l'aide d'un tableau de bord

1. **La clé du succès : le tableau de bord**
   Créez un tableau de bord qui va bien au-delà des simples chiffres. Il doit refléter la santé globale de votre entreprise, de vos franchisés, et l'efficacité du plan stratégique. Imaginez-le comme la cabine de pilotage de votre avion : toutes les informations vitales doivent y figurer pour vous permettre de piloter avec succès.

2. **Des indicateurs de performance qui parlent**
   Choisissez des ICP (indicateurs clés de performance)
   qui touchent les aspects essentiels de votre réseau. Ces
   indicateurs doivent correspondre avec vos priorités
   stratégiques. Ne vous contentez pas de mesurer pour
   mesurer. Chaque ICP doit avoir un but clair et être
   directement lié à vos objectifs.

3. **Quoi mesurer**
   Utilisez des outils comme Franchise Performance 360©
   pour vous inspirer et adapter vos ICP à vos besoins
   uniques. Il n'existe pas de formule magique universelle; ce
   qui compte c'est de créer des ICP qui reflètent votre réalité.

4. **Ne perdez pas de vue l'exécution du plan**
   Un tableau de bord efficace ne se limite pas à observer :
   il doit être un outil actif de gestion. Intégrez une section
   dédiée au suivi des projets. Assurez-vous que chaque
   projet avance comme prévu. Rappelez-vous que lors de
   la mise en œuvre d'un plan stratégique, le temps est un
   facteur crucial.

5. **Agilité et mise à jour**
   Votre tableau de bord doit être dynamique. Mettez-le
   à jour régulièrement et veillez à ce que votre équipe et
   vos franchisés soient en phase avec les informations qu'il
   contient. Un tableau de bord obsolète est aussi utile qu'un
   bateau sans gouvernail.

Nommez un gardien du tableau de bord. Son rôle sera de vérifier que les informations soient soumises et validées à temps.

6. **L'engagement par la transparence**
Partagez votre tableau de bord avec vos franchisés. Vous établirez ainsi une culture de transparence et d'engagement. Si vos franchisés comprennent où le réseau se dirige et comment ils contribuent à son succès, leur motivation et leur implication seront décuplées.

7. **Des réunions efficaces**
Utilisez votre tableau de bord lors des réunions stratégiques. Les discussions seront ainsi plus ciblées et vous identifierez rapidement les domaines qui nécessitent une attention particulière afin de prendre des décisions éclairées.

8. **Célébrez les réussites**
Utilisez le tableau de bord pour reconnaître et célébrer les succès. Par exemple, lorsqu'un franchisé atteint ou dépasse un ICP clé, faites-le savoir aux autres franchisés. Cela renforcera la culture de performance au sein de votre réseau.

9. **Évolution et adaptation**
Votre réseau évolue, votre marché change. Votre tableau de bord doit refléter cette évolution. Soyez prêt à ajuster vos IPC en fonction des nouvelles réalités du marché et des objectifs de votre réseau.

10. **Formation et support**

Fournissez la formation nécessaire à votre équipe et à vos franchisés pour qu'ils comprennent et utilisent efficacement le tableau de bord. Un outil mal compris est un outil mal utilisé.

En résumé, un tableau de bord bien conçu est un instrument puissant. Il vous fournit une vision globale claire, vous aide à prendre des décisions stratégiques, et aide à ce que toute l'équipe rame dans la même direction.

Actionnez le pouvoir de rétroaction des franchisés pour dynamiser le plan stratégique

Captez les signaux sur le terrain : vos franchisés sont vos yeux et vos oreilles sur le terrain. Encouragez-les activement à partager leurs observations et leurs expériences. Leurs commentaires constituent une mine d'or pour affiner et ajuster votre stratégie en temps réel.

Impliquez pour innover : transformez chaque franchisé en un acteur clé du succès. En participant au processus décisionnel, ceux-ci apportent non seulement leur expertise locale, mais aussi leur engagement pour que le plan réussisse. C'est une collaboration gagnant-gagnant.

Dialogue ouvert, confiance renforcée : instaurez un dialogue continu avec les franchisés. Montrez-leur que leur voix compte et qu'elle peut réellement influencer la stratégie globale. C'est le fondement d'une confiance durable et d'une relation franchisé-franchiseur solide.

Adaptez-vous en temps réel : soyez agile et réactif aux commentaires reçus. Les marchés évoluent rapidement, et les franchisés sur le terrain sont souvent les premiers à détecter ces changements. Utilisez leurs observations pour réagir vite.

Prévenez les problèmes : ne laissez pas les petits soucis se transformer en grands obstacles. Prenez en compte les commentaires des franchisés pour identifier et résoudre rapidement les problèmes avant qu'ils ne s'aggravent.

Valorisez chaque contribution : chaque commentaire est une occasion de renforcer la marque et d'améliorer les opérations. Reconnaître et valoriser les contributions des franchisés crée un environnement propice à l'innovation et à l'amélioration continue.

Mesurez et célébrez les réussites : utilisez les observations des franchisés pour mesurer l'efficacité du plan et célébrez les succès obtenus. Cela renforcera le moral et motivera tout le réseau à continuer de poursuivre leurs efforts sur la voie du succès.

Mobilisez pour le changement : montrez aux franchisés que leurs observations contribuent directement à façonner un avenir meilleur. Impliquez-les dans la mise en œuvre des changements pour qu'ils se sentent partie prenante et motivés.

En bref : Les commentaires et observations des franchisés ne sont pas seulement un outil de mesure. Ils constituent un levier puissant d'action et d'innovation. En les exploitant, vous bâtirez un réseau dynamique, adaptable et unifié, prêt à relever les défis du marché et à saisir ses opportunités.

Pourquoi compter sur vos franchisés pour la mise en œuvre du plan ?

1. **Construire une confiance solide :** soyez transparent dans vos stratégies. Montrez à vos franchisés que vous êtes engagé et ouvert. Une communication claire crée un climat de confiance mutuel essentiel à la réussite.

2. **Responsabilisation réelle :** montrez que vous prenez vos responsabilités. Cela motivera vos franchisés à s'investir pleinement et à se sentir également responsables du succès du réseau.

3. **Amélioration en continu :** écoutez les commentaires de vos franchisés. Servez-vous de leurs observations pour affiner vos stratégies et répondre efficacement aux besoins du marché.

4. **Alignement stratégique fort :** assurez-vous que vos franchisés comprennent et soutiennent vos décisions. Un réseau aligné est un réseau fort.

5. **Créez de la valeur pour tous :** faites comprendre à vos franchisés comment la stratégie profite à l'ensemble du réseau, y compris à leurs propres entreprises.

6. **Anticipez et gérez les conflits :** soyez proactif. Une communication régulière permet de détecter et de résoudre les problèmes avant qu'ils ne s'aggravent.

7. **Renforcez l'engagement :** montrez que vous valorisez l'avis de vos franchisés. Leur engagement et leur motivation en seront décuplés.

Concrètement :

- Organisez des réunions régulières pour discuter de la stratégie avec les franchisés.
- Créez des canaux de commentaires par le biais desquels les franchisés peuvent exprimer leurs opinions et suggestions.
- Mettez en place des ateliers de formation pour aider les franchisés à comprendre et à intégrer la stratégie.
- Développez des indicateurs de performance clairs et partagez les résultats régulièrement.
- Encouragez les initiatives venant des franchisés qui sont en phase avec la stratégie globale.

N'oubliez pas, le succès d'un réseau de franchises dépend autant de la vision du franchiseur que de l'engagement de chaque franchisé. Votre rôle est de guider, d'écouter et d'agir pour la réussite commune.

Réflexions du coach

L'étape de rétroaction est celle qui est souvent négligée lorsque je travaille avec des clients à l'aide du système Franchisexcel©. Pourtant, elle est très utile et vous évitera de faire les mêmes erreurs.

En prenant du temps pour ne pas sauter cette étape, vous augmentez vos chances de satisfaire les franchisés. En effet, au-delà des plans, des IPC et des grandes réunions, c'est leur opinion qui vous rapprochera le plus de leur réalité et de leurs capacités d'exécution du plan.

Pour ne pas oublier cette étape, vous devriez établir des IPC liés à la rétroaction. Ainsi, vous pourrez en faire le suivi sur votre tableau de bord.

"Il est inutile d'adopter une approche qui consiste à faire l'autruche et faire fi de la réalité. Je veux savoir où se situent les problèmes, et je veux savoir ce que nous allons faire pour les résoudre."

– Dave Mattson, PDG, Sandler Training

Partie 3

Cas pratique – les plus et les moins

Chapitre 11

Transformer un réseau en déclin : l'épreuve de la résilience et du leadership

Contexte :

A* est un franchiseur régional en restauration QSR spécialisée. Lors de l'acquisition par ma cliente, le réseau compte une vingtaine de succursales dont 12 sont corporatives. La marque a déjà 20 ans et n'a pu prendre de l'expansion. L'équipe ayant acquis la franchise est très jeune, mais possède de l'expérience en franchise, étant franchisée multiple d'une grosse marque internationale. L'acquéreur connaît très bien l'état du réseau étant franchisé depuis quelques années.

La rentabilité est minimale en raison de performances de ventes décevantes, de contrôles de gestion inexistants et d'un laxisme tant dans les restaurants d'entreprise qu'au sein des franchises.

La première année est consacrée au redressement financier afin de retrouver une rentabilité minimale. Dès la deuxième année,

---

* Le nom du client est tenu confidentiel pour des raisons de compétitivité.

la direction décide de travailler avec moi afin que je l'aide à prendre le virage nécessaire pour développer la prochaine phase de croissance.

Fait notoire
L'équipe actuelle est très compétente dans la gestion de restaurant et connaît bien les facteurs de succès qui sont nécessaires à une marque pour réussir. Nous co-créons ainsi le franchiseur de l'avenir et non le concept de l'avenir. Ainsi, l'exercice du leadership de croissance proposé par Franchisexcel© est très pertinent.

Problème #1 : la formule du succès n'est pas définie

Même si l'équipe de direction sait quoi faire pour redresser l'entreprise, elle ne sait pas comment agir devant le défi de croissance en franchises. La clé du succès de la nouvelle stratégie est donc de s'attarder au diagnostic proposé par Franchise Performance 360© pour ensuite définir la formule à succès (Foi, Focus, Effort).

En clarifiant les ingrédients de la formule, nous pouvons établir un plan stratégique sur trois ans visant à doubler la taille du réseau, mais aussi à créer un réseau de franchises de classe mondiale capable de supporter une croissance accélérée.

La vision est enfin claire et le chemin pour y arriver décrit étape par étape.

L'un des défis est de construire une équipe de direction capable de livrer la marchandise. En effet, la nouvelle stratégie met en lumière le manque de ressources de qualité et l'obligation de spécialiser celles qui sont présentes. L'ère de l'employé à tout faire, mais qui n'est bon dans rien a assez duré.

Je tiens à souligner ici le courage de la PDG. À l'époque, elle prend en effet la décision de diminuer la rentabilité à court terme du franchiseur pour pouvoir ajouter à son équipe de nouveaux membres et aller de l'avant avec le plan.

Problème #2 : les franchisés existants

Cette nouvelle stratégie appelle à l'excellence opérationnelle afin de développer la croissance organique de manière significative et permettre une expansion à moindre risque. Or, vous le savez, travailler avec de nouveaux franchisés est plus facile qu'avec les anciens.

Plusieurs parties du système Franchisexcel© sont appliquées de manière disciplinée, les franchisés existants étant très résistants. Étant habitués à se débrouiller seuls et à ne pas compter sur le franchiseur (absent jusque-là de leur quotidien), ils doivent s'adapter à un franchiseur proactif, volontaire et créatif. Cela ne se pas fait sans heurts.

La direction décide d'articuler le travail autour de la formule à succès (Foi, focus, Effort) et de créer une nouvelle culture. Cette dernière a pour but de permettre à tous les franchisés de croître adéquatement. Quant au franchiseur, il doit pouvoir capitaliser sur l'ensemble de ses franchisés. Bien qu'encore aujourd'hui en gestation, cette approche créera un alignement fort qui obligera certains franchisés à se questionner sur leur avenir dans le réseau. L'approche ici n'est pas coercitive, mais plutôt basée sur des exigences connues et intégrées par tous. Grâce à cette nouvelle culture, l'entreprise pourra entreprendre sa nouvelle croissance sans regarder en arrière.

Ce travail prendra du temps et des efforts, mais la direction est convaincue que c'est la voie à suivre pour que toutes les forces du réseau aillent dans le même sens.

Des résultats majeurs

1. **Le retour à la rentabilité**
   Grâce à l'exercice de la direction pendant la première année, l'entreprise devient rentable à des niveaux cohérents avec sa taille. S'appuyant sur son expertise, l'équipe de direction résout rapidement les principaux problèmes qui affectaient les ventes. Elle n'a pas eu froid aux yeux et enchaîne projet sur projet. Nouvelle image, innovations, activités d'activation de la clientèle, focus sur les bases opérationnelles, leadership de plus en plus assumé : telle est la recette de ce revirement.

2. **Une équipe de gestion plus solide**
   Malgré les enjeux de rentabilité, la PDG prend quand même le risque d'embaucher les ressources adéquates pour mettre en œuvre le plan de base pour les trois prochaines années et exercer son vrai rôle de PDG d'un réseau de franchises.

3. **La clarté**

   D'une situation d'urgence réactive, l'entreprise passe à une situation de proactivité qui jette les assises de la phase 2 du plan, soit créer et implanter la nouvelle culture d'excellence opérationnelle.

4. **La confiance des franchisés grandit de jour en jour**

   Le manque de confiance est la plus grande dépense des franchiseurs. Or, de par sa proactivité, l'équipe parvient à regagner la confiance des plus anciens franchisés (même si le plus difficile reste à venir). De plus, cette confiance se traduit par la création de six nouvelles franchises dès la deuxième année.

5. **Une base plus solide pour faire face aux enjeux de croissance**

   Bien que la nouvelle culture ne soit pas encore parfaitement intégrée, les signaux de santé du réseau sont presque tous au vert. Cette nouvelle base permettra à l'entreprise d'accélérer sa croissance en prenant des risques minimaux.

À suivre !

Réflexions du coach

Le redressement d'un réseau de franchises est un exercice périlleux. Trop souvent, il n'est que de surface : changement d'image, de concept et campagne de publicité. L'histoire est pleine du peu de succès de ces redressements surfaits. Bien que ces aspects soient importants, la réussite ne peut venir toute seule. La culture de l'entreprise et de son réseau doit changer et les franchisés doivent l'adopter. Voici quelques réflexions qui pourraient vous aider à éviter que le redressement de votre réseau soit un beau projet mort-né.

1. **Il est urgent de ne rien faire ; il faut planifier**
   La recette du succès de votre réseau dépend de votre alignement stratégique. Le système Franchisexcel© a été créé à cet effet : la discipline qu'il exige vise à ne pas laisser d'angles morts et vous aide à tracer votre voie vers le futur que vous désirez.

2. **Les points de réussite rapide sont très importants pour favoriser l'adhésion aux changements que vous proposez**
   Reportez-vous au chapitre 9 pour en savoir plus. Ces points de réussite rapide doivent être planifiés et intégrés dans le déploiement de votre nouvelle stratégie. Sans eux, la " sauce secrète " de votre formule à succès prendra beaucoup plus de temps à prendre.

3. **Soyez exigeant, mais pas sévère**
   Les leaders les plus respectés sont des leaders exigeants. Cela s'applique aux franchiseurs. Mais ne faut pas

confondre exigence et sévérité. La sévérité implique d'exercer un pouvoir autoritaire. Or, à moins d'une urgence, ce type de pouvoir ne crée pas l'engagement que vous recherchez chez vos franchisés. je dirais même qu'il démotive et rends les franchisés passifs-agressifs (soit un comportement de genre "je te dis oui, mais je ne le fais pas "). Au mieux, les choses avancent lorsque vous êtes présent, mais dès que vous avez le dos tourné, tout revient comme avant.

Au contraire, l'exigence fait appel au dépassement de soi, au courage de changer, d'investir dans la croissance et de rejeter le statu quo. What got you here won't get you there (Ce qui t'a amené ici ne t'amènera pas là) expliqué dans l'ouvrage de M.Goldsmith, est l'état d'esprit demandé par un franchisé exigeant. À mon sens, c'est cette exigence qui définit le leadership.

Chapitre 12

Créer un franchiseur d'exception en privilégiant la responsabilisation des franchisés

B*, un réseau de franchises dans le domaine de la restauration rapide, a le vent dans les voiles. La première franchise voit le jour en 2012. Depuis cinq ans, la croissance organique est de 15 à 25 % année sur année. La croissance annuelle du réseau est de plus de 50 %. La rentabilité est au rendez-vous tant chez les franchisés que chez le franchiseur. Le modèle d'affaires est extrêmement performant. B est la coqueluche des développeurs immobiliers. Les actionnaires sont extrêmement engagés et ont des ambitions nord-américaines. Toutefois, ils se rendent bien compte que leur manière de faire n'est pas soutenable à long terme. La force de B réside dans son attention à la qualité tant pour le produit que pour les opérations et de sa volonté de livrer la marchandise aux franchisés.

Mais la question stratégique qui s'impose est de savoir comment s'y prendre pour réaliser une croissance exponentielle en maintenant des standards de qualité de produits et d'exploitation exceptionnels.

Problème #1 : une culture axée sur le contrôle qui définit les franchises comme de simples opérateurs.

Mis à part les problèmes habituels d'un réseau en croissance, l'analyse Franchise Performance 360© met en lumière l'effet néfaste de la culture initiale qui règne dans le réseau et qui met le contrôle en avant-plan. Elle force en effet le franchiseur à investir trop de ressources dans ce volet et déresponsabilise le franchisé.

Cette culture génère des frictions au sein de la relation franchiseur-franchisé, ne responsabilise pas assez les franchisés par rapport à leur succès et sous-optimise la création de valeur du franchiseur en l'obligeant à créer une structure opérationnelle lourde et peu proactive.

Solutions

Une culture mettant en avant le contrôle ralentit la croissance de manière importante et n'améliore pas les performances. En utilisant divers éléments de Franchisexcel©, nous co-créons le franchiseur B de l'avenir. Je passe volontairement les éléments de planification budgétaire et de création de meilleurs IPC pour m'attarder sur le pouvoir de la redéfinition de la formule du succès (Foi, Focus, Effort) de B. En effet l'équipe de direction décide de responsabiliser au maximum le franchisé en créant un modèle de croissance uniquement axé sur la franchise multiple au mérite.

Cela nécessite des investissements importants afin de permettre aux franchisés de prendre leurs nouvelles responsabilités.

B mise désormais sur le facteur humain tout en développant une culture exigeante, mais responsabilisante. Les franchisés sont maintenant des partenaires d'affaires axés sur la croissance et l'équipe du franchiseur travaille, non pas pour les franchisés, mais avec eux.

Problème #2 : créer l'équipe pour l'avenir

Le nouveau plan stratégique met en lumière l'incapacité d'atteindre les objectifs sans créer une équipe encore plus compétente. En effet, en misant sur le facteur humain au lieu des fondamentaux du système, les priorités sont inversées.

Ce choix souligne l'importance que le développement des compétences soit en phase avec la mission, les valeurs et le leadership plutôt de prioriser les compétences techniques.

Solutions

Le programme de formation initiale a été revu et allongé. Le franchiseur propose maintenant une Université B par marchés régionaux afin de créer les franchisés de l'avenir, mais aussi de continuer à développer les franchisés actuels. Pour la première fois, il organise une convention annuelle. Le thème : l'excellence, pas d'excuses. Les rituels de communication sont maintenant établis et implantés.

L'autre priorité est de définir qui peut faire partie de l'équipe avant d'établir les nouveaux rôles et responsabilités.

L'équipe est divisée en trois.

Outre les critères normaux et ceux propres à la culture de l'entreprise, chaque composante de l'équipe présente maintenant trois critères spécifiques axés sur les qualités humaines recherchées.

Les franchisés : leader de terrain, joueur d'équipe, proactif.

L'équipe opérationnelle : leader mobilisateur, intelligence émotionnelle supérieure, très compétent en gestion d'entreprise.

L'équipe de support : stratège, joueur d'équipe, leader d'adhésion et non de pouvoir.

Les chantiers pour atteindre l'excellence ont été répartis sur les trois années du plan afin d'obtenir une mise en œuvre optimale.

Les résultats

En à peine 12 mois, grâce à la volonté de fer de l'équipe de gestion actuelle, les résultats se manifestent à tous les niveaux au sein du réseau.

1. **Changement de culture**
   La nouvelle culture axée sur la responsabilisation conserve les bons éléments du passé tout en obtenant une augmentation des scores de qualité opérationnelle et des initiatives de développement des ventes au sein des marchés locaux. Désormais, ce sont les franchisés qui font leurs propres audits de performance et qui travaillent avec le coach de succès pour s'améliorer. La majorité du travail consiste à identifier des solutions et non des problèmes. L'effet de cette nouvelle culture galvanise

l'équipe de support chez le franchiseur tout en mobilisant les franchisés autour de la vision et des valeurs que sont " Les 10 règles non négociables chez B ".

2. **Focus stratégique**
À la suite des résultats de Franchisexcel©, les décisions sont prises par rapport aux valeurs, à la stratégie et aux objectifs clés. Cela oblige à faire des choix importants qui, sans le plan, auraient été des initiatives à faible rendement (ce que j'appelle les fausses bonnes idées).

3. **Discipline axée sur les résultats et non les efforts**
Cette nouvelle culture met en évidence l'importance des résultats et pas seulement des efforts. Elle oblige tous les membres du réseau à produire les résultats escomptés sans excuses ni faux-fuyants. L'esprit de corps dans l'équipe est fort et l'entraide est omniprésente. En fait, ceux qui ne peuvent adopter cette culture s'en vont d'eux-mêmes.

4. **Augmentation de la qualité**
En responsabilisant les franchisés par rapport à leurs résultats, le niveau de qualité augmente de manière notable. En fait, l'idée de rendre les franchisés responsables des audits de performance permet à tous de prendre conscience de tout ce qui contribue à créer l'excellence opérationnelle. Les besoins en formation surgissent à tous les niveaux. La complaisance n'est plus à l'ordre du jour.

5. **Accélération de la croissance**

   En se libérant du poids de la culture de contrôle, le franchiseur peut accélérer son plan de croissance. De plus, avec un programme de multi franchise au mérite, les franchisés lèvent la main pour se lancer dans de nouvelles aventures. Un des résultats les plus importants est la révision des objectifs de croissance prévus dans le plan initial. L'an 3 du plan devient l'an 2 tandis que l'an 3 appelle la croissance d'une nouvelle franchise par semaine. Il est facile de voir la création de valeur à partir de cette approche. En trois ans, B aura plus de 150 franchises en opération, soit cinq fois le nombre initial.

   Imaginez le prochain plan stratégique!

Réflexions du coach

Cette histoire peut être la vôtre si vos fondamentaux sont suffisamment forts et votre volonté de croissance immuable. Voici quelques questions à vous poser avant de vous lancer dans un plan de croissance important :

- Comment pouvez-vous transformer la perception de vos franchisés pour qu'au lieu de se voir comme de simples opérateurs, ils se considèrent comme des partenaires d'affaires véritables et engagés ?

- Quelles stratégies concrètes allez-vous mettre en place pour que la croissance ne se fasse pas au détriment de la qualité du produit et des opérations ?

- Quelles mesures allez-vous adopter pour renforcer la compétence et l'engagement de votre équipe de direction et de vos franchisés afin que leurs objectifs soient en phase avec ceux du réseau de franchise ?

Chapitre 13

D'un modèle d'entreprise corporative à un modèle de franchise

C* est une entreprise spécialisée dans l'optimisation énergétique résidentielle. Elle dirige avec succès des succursales en mode corporatif. L'entreprise est active dans l'est du Canada et en Floride aux USA.

C est très douée en acquisition de clientèle grâce à une stratégie de représentation par porte à porte. L'équipe est jeune et très axée sur la vente. Elle a développé une méthodologie de développement et des systèmes extrêmement performants. Elle est convaincue que son succès passe par le facteur humain. L'entreprise veut donc changer son modèle d'affaires pour un modèle en franchise.

C ambitionne de devenir un joueur majeur dans ce marché, mais n'a pas les ressources pour accélérer de manière exponentielle sa croissance sur d'autres marchés.

---

* (1) le nom du client doit être tenu confidentiel pour des raisons de compétitivité.

La question : que faire pour se transformer en franchise sans risquer de tout perdre ?

Problème #1 : comprendre les implications de la décision

Bien que la décision de transformer l'entreprise en franchise ait été prise, je dois souligner la volonté des actionnaires et dirigeants de bien faire les choses. Le plus gros problème est que personne au sein de l'équipe de direction ne connaît ce qu'implique de transformer le modèle d'affaires. Ceci produit de l'insécurité et affecte les performances.

Solutions

Nous utilisons Franchise Performance 360© pour dresser un bilan et un diagnostic complet de l'organisation.

En prenant le temps d'analyser chaque point, l'équipe de gestion peut saisir l'ensemble des dimensions du modèle d'affaires et identifier les failles actuelles ainsi que les pistes de solutions. Devant l'ampleur du projet et les risques afférents, l'entreprise décide de retarder sa mutation de 12 mois afin de se préparer adéquatement.

Le plus gros défi de cette préparation : créer plus de valeur pour le réseau et donner plus de moyens aux futurs franchisés afin qu'ils soient plus autonomes dans leur succès. À la suite d' une analyse géomarketing, l'ensemble des territoires est réorganisé et le potentiel du marché actuel doublé.

Concernant l'autonomie, bien que les systèmes en place soient performants, ils n'ont pas été pensés pour fonctionner dans un mode décentralisé comme l'exige la franchise. Par exemple, la coordination des projets d'installation des équipements vendus est centralisée. Or, dans une franchise, elle doit être décentralisée afin d'obtenir un contrôle du franchisé et augmenter la qualité du service. Aussi, au niveau des ventes, la gestion est centralisée et les gérants de succursales n'ont qu'un rôle de coordination et de formation. Or, dans une franchise, la gestion des ventes appartient aux franchisés et ces derniers sont entièrement responsables des résultats.

Les premiers 12 mois du plan sont consacrés à mettre en place les fondamentaux d'un système de franchise performant et à bâtir une équipe plus compétente en franchise.

Problème #2 : d'une culture de PME à celle d'une organisation en croissance

Le rôle du franchiseur est de maximiser la croissance des franchisés et la sienne afin de créer la valeur recherchée. Pour ce faire, les réflexes de gestion typiques des PME ne s'appliquent pas tellement bien.

Le contrôle n'est pas au même niveau et les partenaires franchisés ne réagissent pas de la même manière qu'un gérant face aux enjeux. Conduire un réseau diffère de conduire une PME. De plus, cela n'est pas inné chez les entrepreneurs. Souvent, l'échec d'un réseau de franchises vient de la manière dont les leaders travaillent avec les franchisés et non du modèle d'affaires ou même des performances.

Solutions

Pour effectuer le changement de culture souhaité, nous utilisons le système Franchisexcel© afin d'établir un plan stratégique conséquent ainsi qu'une nouvelle culture. La méthode instaure un alignement solide et un plan détaillé, en plus de permettre aux leaders du franchiseur et aux gérants de s'approprier leurs nouveaux rôles et responsabilités. L'exercice révèle également que 50 % des gérants actuels ne peuvent pas devenir franchisés.

Les résultats

Bien que la mise en œuvre soit récente, les résultats suivants ont été observés :

1. Une meilleure cohésion au sein de l'équipe du franchiseur grâce à la clarification des rôles et des responsabilités.

2. Le PDG se concentre sur le développement de l'entreprise et la nouvelle culture. Pour ce faire, il a mis en place des rituels très précis afin d'assurer la vitalité de la culture de croissance et de responsabilisation des leaders au sein du réseau.

3. Les gérants qui ont été convertis en franchisés produisent des résultats supérieurs aux attentes.

4. La qualité du service à la clientèle a augmenté.

5. L'université C est devenue le lieu de développement des compétences du leadership et non seulement une école de ventes.

6. Pour la durée du plan, le développement aux USA est axé sur un seul marché. Une fois que le modèle d'affaires sera suffisamment performant, on pourra ajuster les systèmes.

7. Afin de prendre de l'expérience avant de lancer le franchiseur américain, le développement du marché se fait avec des partenaires qui pourront, s'ils le désirent, devenir franchisés lorsque l'entreprise deviendra un franchiseur aux USA.

8. Le plan de recrutement des franchisés était auparavant axé sur les candidats provenant de l'intérieur du réseau (inbreeding). Désormais, les candidatures provenant de l'extérieur du réseau sont acceptées, croissance oblige.

9. Afin d'augmenter la part de marché sur les territoires, le franchiseur met sur pied une stratégie d'acquisition de clientèle qui englobe un système d'acquisition de clients via le inbound marketing.

Conclusion

L'entreprise est maintenant un franchiseur à part entière. La croissance est au rendez-vous, grâce à la volonté des leaders et au système Franchisexcel© qui a permis d'éliminer le risque de transition et de préserver la valeur développée. L'implantation de la nouvelle culture va bon train et la clientèle est plus satisfaite que jamais.

Réflexions du coach

Ce cas illustre que de grands changements sont souvent nécessaires au sein des réseaux de franchises. Ceux-ci doivent souvent aller au-delà du concept physique. Ici, il s'agit d'adopter un nouveau modèle d'affaires sans sacrifier la valeur, mais plutôt l'augmenter en mode accéléré. Pour faire ce changement, vous devez vous poser les questions suivantes :

Compréhension du nouveau modèle

- Avez-vous clairement évalué les impacts qu'auront les changements sur votre modèle d'affaires actuel ?
- Quels sont les aspects de votre modèle d'affaires actuel qui nécessiteront une adaptation ou une transformation ?
- Comment prévoyez-vous de préparer et d'accompagner votre équipe et vos franchisés à travers ce changement significatif ?

Gestion du changement et leadership

- Comment envisagez-vous de gérer le changement culturel pour que vos franchisés adoptent en toute confiance le nouveau modèle d'affaires ?
- Quels sont les défis spécifiques liés au leadership et à la gestion des partenaires franchisés que vous pourriez rencontrer ?
- Avez-vous un plan pour développer les nouvelles compétences de gestion et de leadership dont vous, votre équipe de direction et les franchisés auront besoin ?

Conclusion

Nous n'avons pas 200 ans pour bâtir un réseau de franchise de classe mondiale

Face à la perma-révolution induite par le monde VICA, vous êtes confronté à prendre ou non la route du leadership que je vous propose. C'est en implantant les comportements de leadership qui créent de l'impact que vous pourrez étendre votre influence, et ce, bien au-delà de la convention de franchise ou du manuel d'exploitation. Il est temps de Reprogrammer votre état d'esprit face à la franchise.

Votre réseau a besoin de vous comme leader et non comme gestionnaire.

Trop souvent, les franchiseurs se contentent de faire ce qu'il faut pour que ça fonctionne. C'est un peu comme s'ils voyaient leur rôle comme un fournisseur de service et un motivateur. En gros, c'est bien, mais tout n'est que business et les franchisés sont vus comme des partenaires d'affaires tout au plus.

Or, pour créer un réseau de classe mondiale (et ce, même si vous n'avez pas l'intention de sortir des frontières de votre pays), il faut aller bien plus loin. Les comportements de leadership que je propose dans Franchise Performance 360© sont une base intéressante, mais l'ingrédient magique de votre formule à succès est le cœur... Oui, le cœur. Ce qui motive les franchisés à se dépasser n'est pas l'argent : c'est la volonté de se réaliser. Et cette volonté naît des réponses aux trois questions suivantes :

- Mon franchiseur est-il compétent ?
- Suis-je respecté comme franchisé ?
- Puis-je faire confiance à mon franchiseur ?

Sans cette sécurité, le cœur n'y sera tout simplement pas. Certes, vous ferez des affaires et même sans doute de bonnes affaires. Mais vous n'atteindrez jamais le plein potentiel que vous désirez sans développer le côté humain dans votre relation d'affaires. Dommage pour les leaders qui pensent que les affaires en franchise se résument à faire de l'argent...

Le succès est à portée de main de ceux qui excellent, et pour exceller vous devez :

Augmenter :

- Les compétences qui produisent le succès tant chez le franchiseur que chez les franchisés.
- La connexion et l'esprit de corps au sein du réseau.
- La culture d'excellence qui développe la confiance.

Éliminer :

- L'attitude défaitiste découlant du manque de connexion
- La peur de la réussite en tolérant l'ordinaire
- La non-adhésion à la mission et aux valeurs du réseau

Les temps se prêtent très bien à **Ré**-inventer votre franchise en révisant les fondements mêmes de votre relation de partenariat avec vos franchisés.

Donnez-vous le droit de **Ré**-imaginer votre impact auprès de vos franchisés et laissez aller votre imagination. Soyez sûr qu'en utilisant le système Franchisexcel© vous pourrez développer le plein potentiel de votre réseau et ainsi réaliser votre rêve de départ : étendre votre marque sur tous les marchés possibles avec des partenaires franchisés et établir la pleine valeur économique et humaine de votre belle aventure.

En tant que leader en franchise dans un monde V.I.C.A., vous avez des défis majeurs à relever :

Créer de la valeur au-delà de l'économique (j'insiste encore sur ce point)

Les besoins et les valeurs ont évolué. Le facteur humain est plus que jamais LE facteur critique à prendre en compte au sein de votre réseau. En considérant vos franchisés comme membres d'une communauté et non seulement comme des partenaires d'affaires, vous contribuerez à en faire de meilleures personnes, agissant avec brio au sein de leur collectivité et de votre réseau.

Assurer la pérennité dans un monde VICA

Tout va plus vite. Vous devez trouver les moyens de créer une culture qui embrasse le changement, adore la technologie, et qui ose tester les innovations en fonction du ROI et pas seulement des ventes.

Faire évoluer le modèle d'affaires afin de partager la richesse collective

Les franchisés sont des partenaires d'affaires : ils investissent dans leur succès, mais aussi dans votre marque. Posez-vous les vraies questions comme :

- Que pouvez-vous faire pour mieux partager la richesse que les franchisés vous aident à bâtir ?
- Quelle est votre responsabilité face au développement personnel de vos franchisés afin qu'ils puissent dépasser leurs limites et encore mieux réussir leur vie ?
- Que faire pour créer cette culture de croissance infinie au sein de votre réseau ?

Et bien d'autres.

Je vous propose les pistes de solutions suivantes :

Maximiser le modèle de base de réussite en franchise (Compétences-Connection-Confiance)

Ce modèle doit devenir votre devise et orienter constamment vos actions. Rappelez-vous qu'à chaque fois que vous activez l'une des composantes du modèle, votre leadership s'imprègne encore plus. Partagez ce modèle avec vos franchisés, challengez-vous mutuellement. N'ayez pas peur d'y aller. L'impact est automatique.

Accélérer la croissance par l'innovation pour fournir une profitabilité supérieure aux franchisés

La résistance aux changements est très présente au sein des réseaux de franchises. Mais cela ne veut pas dire de ne rien faire. Au contraire, vous devez ouvrir les esprits.

1. Agissez afin que l'innovation devienne un thème récurrent lors de vos rencontres de réseau. Invitez des conférenciers, publiez des études, des nouvelles. Laissez la porte ouverte, véhiculez l'idée que le statu quo n'existe pas.

2. Formez vos franchisés à la gestion du changement
Si vous aidez vos franchisés à faire face aux changements, tout sera plus facile. Savoir gérer le changement est une compétence clé chez les PDG d'un réseau.

3. Créez des tables de ronde avec thématiques de croissance par l'innovation

Mettez en place un groupe de travail franchiseur/franchisés émérite qui examinera ou testera les changements possibles. L'idée est que tout le monde sache que ce groupe travaille sur le futur du réseau.

Partager la richesse que vos franchisés créent pour vous

Il est peut-être temps de vous poser cette question : le franchiseur doit-il partager avec ses franchisés la richesse créée par l'effort de tous ?

Pourquoi ?
Tout simplement parce qu'il faut arrêter de créer des réseaux qui sous optimisent le potentiel des franchisés en tolérant le bon travail au lieu de l'excellent travail.

L'optimisation de la profitabilité du modèle d'affaires du franchisé est donc primordiale. Seule la profitabilité supérieure de plus de 80 % (source : Franchise performance Group) de vos franchisés vous assurera la pérennité ainsi qu'une création de valeur optimale pour vous aussi.

C'est vrai, ceci n'est pas évident, mais il existe des façons de faire.

En voici quelques-unes :

- En fonction du dépassement des performances sur les indicateurs clés, vous pourriez bonifier vos franchisés.
- Vous pourriez créer un programme d'incitatif majeur à long terme afin de supporter les franchisés multi unités.
- Vous pourriez redistribuer une portion des revenus de type rabais-volume ou réinvestir une portion des redevances collectées dans le fonds national de publicité.

- Vous pourriez créer une Université du leadership (basée sur la formule du succès) adaptée aux franchisés et en financer les coûts d'inscription afin d'aider les franchisés à croître encore plus.

Osez, vous verrez!

Ce n'est qu'un au revoir

J'espère de tout cœur que j'ai pu contribuer avec ce livre à faire naître en vous le goût pour une nouvelle culture de croissance basée sur le leadership au sein de votre réseau. Cette culture privilégie la croissance, mais aussi le développement de l'humain grâce à un modèle de réussite en franchise.

Bon succès et à bientôt!

Stéphane

À propos de l'auteur

Stéphane Breault, MBA
Coach exécutif pour PDG de réseaux et
consultant en franchise

Stéphane Breault a été PDG de réseaux de franchises canadiennes pendant deux décennies et est un expert en franchise depuis plus de 15 ans. Fort d'une vaste expérience en gestion de franchises, il s'est forgé une vision du secteur singulière et personnelle. Ainsi, contrairement à de nombreux consultants en franchise qui se concentrent sur les aspects techniques et tactiques de l'entreprise, Stéphane travaille avec les PDG et les cadres pour les aider à devenir des franchiseurs exceptionnels qui valorisent des partenariats solides avec les franchisés.

Stéphane est réputé pour son approche stratégique et créative. Son approche directe provoque l'émergence d'idées qui deviennent la base de solutions pratiques pouvant être facilement mises en œuvre. De plus, il combine à l'expérience pragmatique des méthodes qui motivent ses clients à s'ouvrir et à s'impliquer.

Stéphane a conseillé plus de 100 réseaux de franchises canadiens et internationaux. Il les a accompagnés pour planifier leur croissance, repenser leurs modèles d'affaires et développer le leadership au sein de leurs équipes de direction. Il leur a aussi fourni les outils pertinents afin de mettre en place une culture d'excellence opérationnelle et s'étendre à l'international.

Stéphane a été président de l'Association canadienne de la franchise et de l'Association des MBA du Québec. En janvier 2018, il a été élu au Temple de la renommée du Conseil québécois de la franchise. Il siège également au conseil d'administration du Conseil québécois de la franchise.

À Propos d'Imagine franchise consultant inc.

Fondée en 2018, Imagine Franchise accompagne les franchiseurs en phase d'émergence ou qui sont confrontés à des défis de croissance qui menacent le potentiel de création de valeur du réseau. Grâce à son programme Franchisexcel©, elle travaille main dans la main avec les PDG et les équipes de direction afin de RÉ-aligner, RÉ-imaginer, RE-développer et RÉ-organiser leur réseau et MAXIMISER la création de valeur tant pour les franchisés que pour le franchiseur.

Son approche est résolument personnalisée, que ce soit dans le coaching exécutif pour les PDG et leur équipe, la définition de nouvelles stratégies ou le développement du leadership au sein des équipes de direction et des franchisés.